LE

SIÉGE DE PARIS

1870 — 1871

In-8°. 2ᵉ série.

Le Siége de Paris.

LE
SIÉGE DE PARIS

(Du 18 septembre **1870** au 28 janvier **1871**)

JOURNAL HISTORIQUE ET ANECDOTIQUE

PAR ÉDOUARD DELALAIN
Bibliothécaire de la Société des publications populaires.

LIBRAIRIE DE J. LEFORT

IMPRIMEUR ÉDITEUR

LILLE	PARIS
rue Charles de Muyssart, 24	rue des Saints-Pères, 30

Propriété et droit de traduction réservés.

DÉDICACE

Paris, 18 septembre 1870.

La poste vient de me prévenir qu'elle ne se chargeait plus des lettres pour la province; celle que j'écrivais aujourd'hui à ma grand'mère lui fera défaut.

Que va-t-elle penser de mon silence ? Depuis son départ pour Plouaret, bientôt trois semaines, j'avais pris l'habitude de lui écrire chaque jour, et ma lettre d'hier se terminait par ces mots : « *Les avant-postes prussiens sont à quelques lieues de Paris.* »

Ma lettre d'aujourd'hui, celle dont la poste refuse de se charger, lui marquait que *Paris n'avait pas peur.*

Non, Paris n'a pas peur, le choc sera rude; mais la grande ville est prête à le recevoir.

Pauvre province! dans quelle inquiétude elle va vivre : savoir Paris malade, le supposer en proie à une fièvre ardente et ne pouvoir lui tâter le pouls!

Pauvre province! refuge de tant d'êtres qui nous sont chers, pour toi qui aurais voulu suivre pas à pas la lutte terrible que nous allons avoir à soutenir, pour toi qui voudras tout savoir plus tard, je vais entreprendre une grande tâche, celle d'écrire, au jour le jour, l'histoire du siége de Paris.

ALEXANDRE ***

*Caporal au *** bataillon de la garde mobile de Paris.*

LE SIÉGE DE PARIS

Première journée de siége.

Lundi, 19 septembre 1870.

Depuis hier, 18 septembre, Paris est isolé, Paris reste seul avec cent mille soldats, cent mille mobiles, deux cent cinquante mille citoyens armés ; seul avec ses forts, ses redoutes, sés bastions hérissés d'artillerie, sa triple enceinte de remparts, son chemin de fer de ronde, son chemin de ceinture, avec ses barricades qui sortiront de terre sous les pas des bataillons étrangers ; seul avec le droit, avec l'avenir.

J'ai commencé aujourd'hui, 19 septembre, mon métier de *reporter* et vu le feu pour la première fois.

Hier soir, mon bataillon avait reçu du général Trochu l'ordre d'accompagner le commandant Franchetti, chargé de faire une reconnaissance du côté de Créteil où l'ennemi était signalé. Dès six heures du matin, nous partions, précédés d'un escadron de chasseurs à cheval, et nous nous dirigions vers Maisons-Alfort. Au carrefour Pompadour, 1,500 mètres environ de Choisy-le-Roi, notre avant-garde rencontrait les hussards bleus de la garde royale. Après un combat corps à corps, l'ennemi était dispersé, et notre bataillon, qui n'avait pas tiré un seul coup de fusil, se repliait sur Alfort, après avoir ramassé les armes prussiennes abandonnées sur le champ de bataille.

J'ai pu constater *de visu* que les hussards bleus avaient perdu sept hommes. De notre côté, nous avons eu plusieurs blessés : un brigadier d'éclaireurs à cheval, touché par une décharge de l'infanterie prussienne, qui, cachée derrière les talus du chemin de fer, venait secourir la cavalerie ennemie; le comte de Kerghariou, quatre coups de sabre à la tête; l'adjudant Joly de Marval, trois coups de sabre et une blessure à la main.

A quatre heures, notre petite troupe rentrait à Paris par les boulevards, ses blessés en tête, et acclamée par la foule.

Pendant la reconnaissance que nous venions d'opérer, j'avais entendu gronder le canon dans la direction de Charenton. Mon premier soin, en rentrant à Paris, fut de courir aux nouvelles, et j'appris que le général Vinoy s'était avancé, avec des forces assez considérables, jusqu'à une lieue au delà de Créteil, où il avait rencontré des éclaireurs prussiens suivis d'une forte colonne.

On comprendra que, n'ayant pas le don d'ubiquité, je serai forcé, chaque jour, pour réunir les événements qui se produiront à la même heure, d'avoir recours soit aux rapports officiels, soit aux bruits divers qui ne manqueront pas de se colporter, soit enfin aux feuilles ordinairement les mieux renseignées.

Deuxième journée de siége.

Mardi, 20 septembre 1870.

Nuit très-calme....

A sept heures du matin, j'ai entendu le premier coup de canon : le boulet parti du fort de Charenton est allé tomber au milieu d'une batterie prussienne; le fort d'Ivry, de son côté, a tiré plusieurs coups; l'ennemi a répondu mollement, ses projectiles n'arrivaient pas jusqu'à nos premières lignes de défense.

Aujourd'hui, c'était le tour des mobiles bretons qui avaient reçu l'ordre d'aller faire une reconnaissance dans la plaine de Clamart, où ma grand'mère possède un petit pied-à-terre ; bonne occasion pour moi de savoir si sa propriété avait été pillée. J'avais donc chargé mon cher cousin Kergonnou de s'en assurer en passant : — Tu me diras, lui avais-je dit, si les Prussiens ont gaulé ses noix, et s'ils ont consommé les liqueurs de ménage que la bonne maman fait si bien....

Ils ont gaulé les noix, les malheureux... ils ont bu les excellentes liqueurs de ménage, les gredins. Quant à la fameuse cachette que nous avons pratiquée, Kergonnou n'a pas eu le temps de s'assurer si elle a été découverte.

Aucun ennemi dans Clamart; il s'est réfugié dans les bois et solidement retranché dans une ferme. Les Bretons, appuyés par quatre batteries d'artillerie, sortent du village ; mais, arrivés à trois cents mètres des premiers arbres, quarante canons prussiens se démasquent... Soutenus par les francs-tireurs, les mobiles tiennent bon... Braves Bretons ! un seul mot servira à les peindre. Un maréchal des logis, nommé Arnaud, me disait le soir de l'action : — Nous ne pouvions savoir au juste où ils étaient : partout.... Je les croyais délogés d'un endroit : ils étaient couchés dans les fossés... à plat ventre dans la plaine, manœuvrant comme de vieilles troupes.

Se sentant appuyés par les batteries accourues à leur secours, les Bretons se précipitent en avant ; mais, hélas ! quarante pièces de canon contre douze ! Il fallut reculer. A la première décharge de l'ennemi, tous les chevaux de nos batteries avaient été tués et la plupart des artilleurs blessés. Que faire ? obéir au clairon qui sonne la retraite, abandonner nos pièces ? jamais ! En un instant, les mobiles s'attèlent et enlèvent les canons au nez et à la barbe des Prussiens.

Honneur aux gardes nationaux de Gentilly qui, sans ordre et de leur propre mouvement, s'élançaient pour partager les dangers de leurs frères.

Pendant que mon cousin se battait bravement dans la plaine de Clamart, je suivais, placé sur le toit d'une brasserie de l'ave-

nue d'Orléans, les opérations du général Renaud qui se dirigeait vers les bois au-dessus de Châtillon, où il a rencontré
l'ennemi et l'a attaqué. Le combat a duré trois heures, de six à
neuf heures. Les Prussiens se trouvaient en forces de beaucoup
supérieures. Nos troupes, pour éviter d'être tournées, ont dû
se replier ; ce qu'elles ont fait en bon ordre, couvertes par
l'artillerie qui a continuellement répondu au feu de l'ennemi.

Parmi les bataillons de mobiles engagés, on cite le 7e, le
fameux 7e du faubourg Saint-Germain, commandé par le chef
de bataillon Vernon de Bonneuil, qui s'est illustré à cette
affaire. Honneur au 7e, le bataillon des aristos !

Un détail sur le combat de Châtillon.

Lorsque le général Renaud vit le moment opportun pour
lancer ses mobiles bretons, il se tourna vers eux et leur dit :

— Allons, mes enfants, à vous !

— Pardon, mon général, fit l'aumônier qui les accompa-
gnait, une seconde.

Les mobiles mirent un genou en terre, leur fusil armé, et
reçurent la bénédiction de leur aumônier. Ils firent tous le
signe de la croix, un grand signe de croix, et, se relevant précipitamment, ils se jetèrent au feu, baïonnette en avant.

La Bretagne est la province de la foi.

*
* *

Aujourd'hui, des mains inconnues ont déposé des bouquets et
des couronnes au pied de la statue de la ville de Strasbourg.

Cet exemple a été suivi par un grand nombre de personnes,
et la statue est couverte de fleurs !

Troisième journée de siége.

Mercredi, 21 septembre 1870.

Une brigade prussienne a bivouaqué cette nuit à Villeneuve-
Saint-Georges ; elle est commandée par le général Vogel von
Falkenstein.

Pas de bataille aujourd'hui, pas même de combat; un seul engagement sans importance que je signale plus loin, parce qu'il fait honneur aux hommes de mon bataillon.

L'ennemi, depuis hier, a continué son mouvement en avant; à l'heure où j'écris ces lignes, il entoure complétement Paris, et la campagne est sillonnée d'éclaireurs. On les aperçoit à chaque instant dans les prairies découvertes qui avoisinent Courneuve : ce sont de petites escouades de trois ou quatre uhlans, galopant avec rapidité et allant d'une ferme à l'autre.

. Sur les cinq heures, une patrouille ayant été envoyée à la découverte dans une maison abandonnée, j'obtins de mon capitaine la faveur de la commander, et je glissai une balle dans mon fusil, bien décidé à ne pas revenir *bredouille*.

Embusqués depuis une heure derrière un pan de muraille, nous commencions à croire que nous avions été éventés, lorsque nous aperçûmes un groupe de cavaliers qui se dirigeait en droite ligne vers le mur qui nous abritait. J'ignore si nous avions été découverts, mais en tout cas l'ennemi ne semblait pas s'attendre à la réception que nous lui réservions : un officier, monté sur un fort beau cheval, s'avançait en tête de la troupe, et il alloit bientôt se trouver à portée de nos chassepots.

— A vous l'honneur, caporal, me dit à voix basse un de mes hommes qui me savait bon tireur; descendez le commandant.

Assurément je le tenais au bout de mon fusil... J'ai tué dans ma vie tant de lapins, que j'étais bien certain de ne pas manquer mon Prussien. Mais, au moment de presser la détente, je détournai légèrement mon arme et... je tirai dans le tas. Ce mouvement fut-il absolument involontaire, je n'oserais pas l'affirmer. L'effet de notre décharge fut foudroyant; sept cavaliers y compris l'officier restèrent sur place; les autres tournèrent bride et s'enfuirent au triple galop.

*
* *

Si les Prussiens ont le projet de nous prendre par la famine, ils attendront encore longtemps, car Paris possède en ce moment :

350,000 quintaux de farine;

150,000 quintaux de riz ;

Un immense approvisionnement de pommes de terre et de légumes frais de tout genre ;

100,000 bœufs et 500,000 moutons, avec les grains et fourrages nécessaires à leur alimentation , sont répartis sur un grand nombre de parcs, qui ont été improvisés, tant dans l'intérieur de Paris qu'au bois de Boulogne, sous le canon des fortifications ;

Joignez à cela soixante millions de rations de viandes de conserves et salaisons ; un approvisionnement de trois mois en sel, épices, café, sucre ; de six mois en vins et spiritueux.

Quatrième journée de siége.

Jeudi, 22 septembre 1870.

Rien de nouveau dans la nuit et ce matin. Les Parisiens ont pu dormir tout à leur aise ; le canon des forts leur a fait la gracieuseté de ne pas troubler leur sommeil.

Dans la journée, l'ennemi a poussé une reconnaissance jusqu'à 700 mètres du Moulin-Saquet ; mais le feu de cet ouvrage et quelques obus du fort d'Ivry l'ont fait replier en toute hâte vers la Platrière , qui paraît être un poste important.

Du côté de Vincennes, Nogent et des forts de l'est, tout est calme.

Des mouvements de troupes ennemies sont signalés vers le Bourget et Dugny par la route de Lille.

En avant de Saint-Denis et vers Argenteuil, on signale de nombreux travaux de l'ennemi, mais le combat n'est pas engagé.

En arrière d'Argenteuil, une masse de 40,000 Prussiens seraient, dit-on , cachés dans les bois.

* *

Un journal annonçait ce soir que, du côté de la porte Maillot , chemin de la Révolte , la pioche des démolisseurs avait rencon-

tré la chapelle Saint-Ferdinand élevée à la mémoire du duc
d'Orléans ; il ajoutait que la démolition de ce monument funé-
raire était déjà presque achevée. Cette nouvelle est inexacte , je
m'en suis assuré moi-même, et, Dieu merci, la chapelle Saint-
Ferdinand n'est pas et ne sera pas démolie ; seule de tous les
monuments environnants, à une distance de cent mètres, elle
restera debout.

*
* *

Un de nos braves colonels de l'armée du Rhin a laissé à
Paris sa jeune femme et sa petite fille âgée de quatre ans.
Chaque soir, avant de se mettre dans son petit lit blanc,
l'enfant s'agenouille aux pieds de sa mère et prie pour le cher
absent.

Hier, après le *Pater* traditionnel , bébé ajouta cette petite
prière de son cru :

— Mon Dieu, conservez-moi mon cher papa, et... faites qu'il
tue beaucoup de Prussiens !

Sa mère sourit tristement, et, prenant l'enfant sur ses
genoux ,

— Ma mignonne , lui dit-elle, tu pries le bon Dieu de faire
mourir beaucoup de Prussiens ; mais prends garde : là-bas,
peut-être, y a-t-il une petite allemande qui lui demande, de son
côté, de faire mourir beaucoup de Français.

Bébé réfléchit un instant ; puis , d'un air convaincu,

— Oh ! ça ne fait rien, dit-elle.

— Pourquoi donc ?

— Parce que le bon Dieu ne comprend pas l'allemand.

Cinquième journée de siége.

Vendredi, 23 septembre 1870.

Il fait ce matin un temps superbe ; je ne suis pas de service
et j'en profite pour parcourir l'intérieur de Paris , depuis la
Madeleine jusqu'à la caserne du Prince-Eugène, où j'ai un cama-

rade à voir : c'est un fureteur de nouvelles premier numéro, et je compte beaucoup sur lui pour ma moisson quotidienne.

Paris est bien décidément la ville la plus curieuse que l'on puisse imaginer; on est aussi calme sur les boulevards que si les Prussiens n'existaient pas : toujours même affluence ; et en voyant circuler la population parisienne qui vaque tranquillement à ses affaires, on ne se croirait pas dans une ville assiégée depuis cinq jours.

La province, à l'heure où j'écris, nous croit sans doute bien malheureux, et cependant, jusqu'à présent, nous ne nous trouvons pas trop à plaindre.

Les kiosques sont entourés de monde; on achète les journaux, et dans les groupes on commente tranquillement les nouvelles du jour. On s'étonne, en général, de l'inertie apparente des Prussiens sur toute la ligne qui s'étend, au nord-ouest de Paris, de Gennevilliers à Clamart. On sait cependant que la majeure partie de leurs forces est concentrée à Versailles, Saint-Germain et Montmorency ; que le matériel de siége arrive dans cette direction; enfin, que les troupes les plus aguerries s'y trouvent.

Une certaine appréhension se manifeste déjà : on craint que l'armée ennemie se contente d'isoler et d'affamer Paris sans courir les risques d'un assaut meurtrier ; on s'irrite à la pensée de voir les bombes prussiennes tomber sur la ville sans l'espoir d'une lutte victorieuse avec ceux qui les lanceront.

Sixième journée de siége.

Samedi, 24 septembre 1870.

Ce matin, une reconnaissance a été faite par un escadron du 9e régiment de chasseurs à cheval. Elle a surpris à Neuilly-sur-Marne un poste d'infanterie, et, dans le parc de la Maison-Blanche, elle a sabré les Prussiens.

Un peu plus tard, le général Blanchard a fait exécuter une reconnaissance avec un bataillon du 13e régiment de marche.

Elle s'est avancée par la route de Clamart jusqu'au parc de Fleury, et s'est approchée à environ 700 mètres du château de Meudon. Aucun mouvement ne s'est produit dans le château ; on n'a vu ni un homme ni un canon sur la terrasse.

A Saint-Denis, tout est tranquille ; le général de Bellemare veille pour rendre impossible à l'ennemi l'établissement d'une batterie sur la butte Pinson ; la batterie de Saint-Ouen protége parfaitement la presqu'île de Gennevilliers.

Du côté du Mont-Valérien, Saint-Cloud, Sèvres, Meudon, l'ennemi ne se montre pas.

En avant des forts de Montrouge, de Bicêtre et d'Issy, l'ennemi reste à grande distance, et deux obus de ce dernier fort, parfaitement pointés, l'ont forcé à replier ses sentinelles.

A l'est de Paris, en avant des forts de Nogent, Rosny, Romainville, les avant-postes prussiens sont signalés à environ 3,000 mètres.

Aujourd'hui, la 5e compagnie du 83e bataillon de la garde nationale a payé son tribut d'admiration à la ville de Strasbourg et à ses héroïques défenseurs.

Arrivé devant la statue de Strasbourg, le capitaine, accompagné d'un enfant de cette vaillante cité, a pris la parole en ces termes :

« Ville de Strasbourg, ville sublime ! la 5e compagnie du » 83e bataillon dépose à tes pieds une couronne d'immortelles » en mémoire de ta vaillance.

» Que Paris suive ton noble exemple ! son héroïsme prou-» vera au monde entier ce que peuvent les braves enfants de » la France.

» A toi, Strasbourg ! à toi, Uhrich ! notre admiration. Votre » souvenir restera gravé dans notre cœur. »

*
* *

Le drapeau blanc des ambulances flotte sur le sommet du Théâtre-Français ; la maison de Molière est transformée en hôpital !

Septième journée de siége.

Dimanche, 25 septembre 1870.

Nuit tranquille.

Dans la matinée, le village de Bourget, placé en avant des forts de l'est et d'Aubervilliers, paraissait occupé par des forces imposantes ; la grande route, à la croisière des Stains, était principalement encombrée. Le fort d'Aubervilliers lui lança coup sur coup plusieurs bordées en faisant converger toutes les pièces sur le même point. Les obus et les boulets causèrent des pertes sensibles aux Prussiens, qui, surpris, effarés, s'enfuirent à toutes jambes vers le fond du pays sur le versant opposé.

Dans l'après-midi, nos éclaireurs ont pu s'avancer très-loin dans la plaine. On les voyait même au delà de la ligne du chemin de fer de Soissons, à peu de distance des premières maisons de Drancy.

Ce soir, vers cinq heures, j'ai vu passer le général Trochu qui allait inspecter les forts de Saint-Denis et d'Aubervilliers ; il était accompagné du général de Bellemare, commandant de Saint-Denis.

Mon reporter de la caserne du Prince-Eugène, que j'ai été relancer hier, m'a apporté ce soir de la copie.

Voici son butin de la journée :

A Saint-Ouen tout est tranquille ; presque toutes les maisons sont fermées, les habitants sont à Paris ; les ponts ont sauté et on a brûlé tous les petits bois des environs. Dans le parc de Saint-Cloud, en avant de la lanterne de Démosthènes, les Prussiens exécutent des travaux de terrassement.

A part les troupes françaises qui y ont établi leur campement, il ne reste que trois personnes à Montrouge. La garde nationale de cette localité s'est repliée sur Paris. Tout est d'un calme effrayant du côté de Charenton, Maisons-Alfort, Ivry, Vitry et Créteil. Le fort de Charenton a tiré deux coups de pièces de 24 dans la direction de Charentonneau, mais seulement pour sonder le terrain.

Devant Nogent, de l'autre côté de la Marne, on voit les Prussiens manœuvrer. Toutefois l'ennemi semble avoir renoncé à construire, sur les hauteurs de Tremblay, une batterie qui aurait été trop exposée au feu de la redoute de la Faisanderie.

Huitième journée de siége.

Lundi, 26 septembre 1870.

Cette nuit, les Prussiens se sont aventurés autour de la redoute des Hautes-Bruyères; tapis derrière les haies, blottis dans des bouquets d'arbres, ils espéraient nous surprendre; mais, au soleil levant, les chasseurs à pied et les francs-tireurs campés à Villejuif leur ont fait la conduite : ils se sont éparpillés en tirailleurs autour du mamelon dominé par la redoute; puis, à coups de chassepots, ils ont sondé les buissons. Aussitôt les Prussiens, en entendant siffler les balles, de se lever de ci et de là comme des lièvres éventés dans un sillon ; mais, pour regagner au loin des abris plus sûrs, il fallait bien parfois traverser des espaces découverts, et bon nombre d'entre eux restèrent sur la place. Cette petite guerre, qui se répète sans cesse autour de Paris, offre le grand avantage de se faire, de notre côté, à coup sûr sous la protection des forts, prêts à arrêter un ennemi trop nombreux et trop entreprenant, d'inquiéter et de harceler les Prussiens, et enfin d'exercer nos soldats, de les habituer à l'ennemi et de les tenir en haleine pour de plus grands combats.

* *

A midi, le bruit se répand que des dépêches viennent de parvenir au gouvernement. Il en résulterait que l'armée de la Loire est déjà prête à marcher. Nous n'avons donc qu'à veiller et attendre sous les armes; les soldats du roi Guillaume se trouveront bientôt pris entre deux feux. Il vient d'être constaté

que nous disposons aujourd'hui, pour la défense de Paris, de
542,800 hommes et de 1,500 bouches à feu.

* *

Si ce que j'ai appris aujourd'hui se réalise, je pourrais
envoyer demain de mes nouvelles à Plouaret.

Un ballon-poste, monté par M. Durrof, partirait de la place
Saint-Pierre, à Montmartre, et emporterait avec son aérostier un
chargement de 300 kilog. de dépêches et de lettres.

Quel bonheur! Je vais toujours préparer ma missive...

Dans le café du quai d'Orsay, où je me suis installé pour
faire mon courrier, j'ai parcouru les journaux et récolté les
nouvelles suivantes :

« M. Avelino Valenti fait appel aux Espagnols, ses compa-
» triotes présents à Paris, dans le but de former un corps d'in-
» firmiers qui se mettront gratuitement, à titre d'amis de la
» France, au service des ambulances pendant la durée du
» siége. »

* *

Dix-neuf postes de sapeurs-pompiers viennent d'être créés
pour garantir contre l'incendie les dépôts de provisions organisés pour l'alimentation de la ville de Paris.

Plusieurs détachements de gendarmes de marine sont à
Paris; sur leur demande, ils vont être réunis à ce qui reste des
quatre magnifiques régiments d'infanterie de marine, pour
former une petite division qui concourra à la défense des
remparts.

Neuvième journée de siége.

Mardi, 27 septembre 1870.

Rien dans la nuit.

Ce matin, ma lettre s'est envolée; puisse-t-elle arriver à bon
port et calmer les inquiétudes de ma chère grand'mère.

Sous peu de jours, trois nouveaux aérostats seront prêts à

partir : l'improvisation de ce matériel considérable est due au concours de MM. Nadar, Dartois, Duruof et Yon.

* *

Aujourd'hui au lever du soleil, un régiment d'infanterie prussienne s'est avancé jusqu'à portée des canons du fort d'Aubervilliers, dans le but évident d'établir une batterie ; le fort ayant tiré une douzaine de coups, l'ennemi a d'abord riposté, mais bientôt il a pris la fuite en désordre.

A la même heure, le corps d'armée du général Vinoy se massait sur une ligne, qui va de la redoute du Moulin-Saquet à celle des Bruyères, en passant par Villejuif.

Les Prussiens se sont très-fortement retranchés dans le village de Chevilly, dont la situation est importante, car il se trouve entre la Seine et la Bièvre, et commande le passage de ces deux cours d'eau.

* *

Dans l'après-midi, M. Etienne Arago, revenant de visiter les fortifications de Paris, s'arrêta, en passant au bastion 78, devant les officiers et les gardes nationaux du 115ᵉ bataillon qui s'y trouvaient de service.

M. Arago leur a donné l'assurance que Paris pourrait et saurait se défendre ; que l'armée de la Loire s'organisait rapidement, qu'elle agirait de son côté avec énergie ; il ajouta qu'il remerciait la garde nationale de son élan et de son patriotisme.

Dixième journée de siége.

Mercredi, 28 septembre 1870.

Des défenses formidables viennent d'être élevées par les mobiles au Rond-Point de Courbevoie ; le pont de Neuilly est miné et prêt à sauter à la première alerte ; l'avenue de la Grande-Armée est hérissée de barricades.

* *

L'infanterie prussienne est massée sous le Moulin-d'Argen-

teuil ; elle ne se dérange pas, répond aux tirailleurs par quelques feux de peloton et paraît attendre l'ordre de marcher.

* *

La troisième compagnie des francs-tireurs de la Seine , dont
fait partie M. Paul Mahalin, sous le commandement du capitaine Giraudier et des lieutenants Darbonne et Giroux, a délogé
les Bavarois de la Malmaison et s'est avancée jusqu'à Rueil, sous
le feu de l'ennemi.

* *

Depuis ce matin, le drapeau de la convention de Genève flotte
sur le pavillon de l'Horloge.

Les Tuileries sont converties en ambulances.

Sur les diverses faces de l'ancienne résidence impériale et du
Louvre, on lit ces mots : Propriété nationale.

* *

Le jardin des Tuileries est transformé en un immense camp ;
sur les terre-pleins, sur la terrasse des Feuillants et du bord de
l'eau sont élevés des tentes et des abris pour les soldats. On aperçoit à travers les grilles fermées au public et gardées par la garde
nationale, une masse imposante de canons et de mitrailleuses.

* *

Le quai d'Orsay n'est plus qu'un vaste campement de pon-
tonniers.

* *

Le Cours-la-Reine et le quai de Billy sont envahis par les
dragons.

* *

La grande nef du palais de l'Industrie est à la fois une caserne
et un arsenal.

Un régiment de gendarmes à cheval y a établi son campement. Les hommes sont dans les galeries du premier étage, et
les chevaux occupent le pourtour du rez-de-chaussée. Le trop
plein a été installé sous les arbres des Champs-Elysées.

Quant à l'intérieur de la grande nef, il est rempli de canons
de différents calibres et de projectiles de guerre.

Les gamins eux-mêmes, par le temps qui court , deviennent
très-crânes et très-hardis.

L'un d'eux a fait pleurer de joie son père, officier d'artillerie ;
le moutard s'était caché dans une demi-lune et avait installé un
petit canon d'enfant sur le parapet ; il pointait et tirait, avec un
sérieux tout à la fois comique et touchant, sa petite pièce
bourrée de cailloux.

Onzième journée de siége.

Jeudi, 29 septembre 1870.

Rien de nouveau cette nuit.

Les Prussiens avaient juré d'entrer dans Paris en six jours,
les voilà sous nos murs depuis dix jours, repoussés dans toutes
les rencontres, n'ayant pu établir une batterie et n'osant pas
tenter l'assaut.

L'inaction apparente dans laquelle ils se tiennent ne peut
avoir que deux explications : ils se préparent à quelque attaque
avec l'ensemble de leurs forces , ou bien ils comptent lasser
notre courage par leur présence et nous contraindre ainsi à accepter des conditions de paix qui ruineraient notre honneur
s'ils voulaient nous réduire par la force. Il faut qu'ils sachent
bien que Paris les attend , non plus le Paris dégénéré des agio-
teurs et des courtisanes, mais un Paris formidablement armé,
devenu la citadelle de la France.

Si les Prussiens veulent, au contraire, briser, à force de le
tendre, ce ressort du patriotisme dont l'énergie les surprend, et
s'ils comptent sur notre lassitude pour nous amener à quelque
honteuse capitulation , c'est à notre vigueur qu'il appartient de
déjouer leurs calculs.

*
* *

Dans la matinée, en revenant d'Auteuil par le bateau-mouche,
j'ai eu occasion d'examiner à loisir la flottille cuirassée qui des-
cendait la Seine ; les équipages étaient sur les ponts , béret au

vent, l'air mâle et décidé. Ces petites canonnières, dans leur cuirasse blindée, manœuvrent avec la prestesse et l'agilité d'un canot.

L'aspect des rives de la Seine a bien changé de ce côté. Des arbres ont été coupés, les maisons sont fermées, la campagne est déserte.

Dans les murs des plus importantes usines, on a pratiqué des meurtrières, on a mis au pied des piquets effilés, on en a fait des sortes de petits forts qu'il faudra littéralement assiéger.

Dans trois endroits différents la Seine est barrée.

Le premier barrage, situé sous le pont Napoléon, est fait de bateaux placés en long.

Le second, composé de canonnières et de pontons en fer pris aux différentes stations des bateaux-omnibus, se trouve à cent mètres à peu près du premier. L'avant de toutes ces embarcations regarde l'embouchure de la Marne, et est armé d'un canon dont les servants sont protégés par une muraille de gabions.

Le troisième barrage est fait de solides madriers, maintenus ensemble par des chaînes et des cordages; et couverts de blindages de tôle.

Vers le milieu du jour, le général de Bellemare a fait lancer quelques obus sur les travaux qu'exécutait l'ennemi vers Stains, Garges, et plus à l'est, vers Orgemont et Saint-Gratien.

La redoute des Hautes-Bruyères a canonné un long convoi ennemi entre Chevilly et l'Hay.

En avant de Nogent, à environ 3,000 mètres de l'avancée, trois obus ont forcé un parti ennemi à une retraite précipitée.

Dans un des groupes qui stationnaient aujourd'hui sur la place de la Concorde, devant la statue de Strasbourg, se trouvait un religieux portant la robe brune. Une femme se mit à crier en regardant le religieux :

— Vous feriez bien mieux de partir pour l'armée !

Celui à qui s'adressaient ces paroles n'eut pas même l'air d'y prendre garde. La femme s'approcha alors et les lui répéta. Le religieux, avec un parfait sang-froid, lui dit :

— Oui, je partirai, mais quand il le faudra; mais vous, vous feriez bien de partir de suite, car avec une tête comme la vôtre, vous feriez tellement peur aux Prussiens qu'ils se sauveraient.

Les spectateurs qui commençaient à s'intéresser à la scène, se mirent à battre des mains en criant : bravo! bravo ! le curé !

Douzième journée de siége.

Vendredi, 30 septembre 1870.

Un habitant de Versailles a pu, cette nuit, franchir les lignes prussiennes et pénétrer dans Paris. Il nous donne les détails suivants :

De grands mouvements de troupes, de véritables corps d'armée arrivent de Choisy-le-Roi et se massent auprès de la ville, mais du côté opposé à la route de Paris.

Est-ce pour nous ménager une terrible surprise? Est-ce, au contraire, de peur d'être surpris par l'armée de la Loire que les Prussiens agissent ainsi ?

Ce même habitant de Versailles nous apprend que de petits ballons sans nacelles ont laissé tomber hier, dans les campements ennemis, environ trente mille petits papiers, contenant, en allemand et en français, l'appel à la raison ci-joint :

« Au commencement de la guerre, la nation allemande a
» pu croire que la nation française encourageait l'empereur
» Napoléon dans ses projets d'agression.

» La nation allemande a pu se convaincre, depuis la chute
» de l'empereur, que la nation française veut la paix. Elle dé-
» sire vivre unie avec l'Allemagne sans contrarier son mouve-
» ment d'unité. »

Puissent les Allemands comprendre !

La journée paraît devoir être calme ; j'ai bien prêté l'oreille, le canon ne se fait entendre d'aucun côté.

Je ne suis pas de service, et je profite de ma liberté pour mettre mon journal au courant; mes tablettes sont remplies de notes, et mes renseignements datent de plusieurs jours.

Je les donne ici dans l'ordre où je les ai recueillis.

Le Comité de défense a décidé l'exécution immédiate d'une voie ferrée, à traction de chevaux, sur la rue militaire qui longe les fortifications. Cette voie servira au transport des hommes, des blessés, des approvisionnements de toute nature.

Elle sera exécutée, dans une quinzaine de jours, par l'entremise des ponts-et-chaussées.

En prévision d'un bombardement, on va établir plusieurs postes de guetteurs de nuit, pour les incendies; le principal poste sera placé sur la tour méridionale de Notre-Dame.

Le corps des sergents de ville est licencié.

Les feux électriques des forts remplacent la lumière absente encore de la nouvelle lune; ils éclairent toute la plaine de Montrouge et de Vanves. Les maisons isolées, les arbres, les moindres accidents s'y dessinent d'une manière nette et précise. Si l'ennemi a compté nous faire une surprise de ce côté pendant la nuit; il s'est étrangement trompé.

Les Prussiens ont chassé de l'ambulance de Meudon tous les blessés français.

Le curé, M. l'abbé Valet, les a recueillis dans sa maison.

*
* *

Des insensés réclament la réouverture du Panthéon comme temple de la gloire ; que ne vont-ils plutôt s'agenouiller devant les reliques de sainte Geneviève, patronne de Paris ; ils oublient, les ingrats, que plusieurs fois la capitale de la France a dû son salut à la puissante intervention de la bergère de Nanterre.

*
* *

La question de la boucherie est celle qui tient aujourd'hui le haut du pavé. La distribution de la viande est devenue réglementaire, et on fait queue aux grilles des bouchers.

Treizième journée de siége.

Samedi, 1er octobre 1870.

Hier à minuit, mon bataillon avait reçu l'ordre de prendre les armes, et à deux heures et demie nous nous mettions en marche avec le 13e corps, commandé par le général Vinoy. Il nous fit traverser la route d'Italie, passer entre les forts d'Ivry et de Bicêtre, et entrer dans le village de Villejuif, barricadé et occupé par la garde mobile. A un signal donné, les forts de Charenton, d'Ivry; de Bicêtre et de Montrouge ouvraient leur feu tous à la fois contre les villages qu'ils commandent. On me dit alors qu'il s'agissait de déloger les Prussiens de Chevilly et de Choisy-le-Roi.

Les troupes commandées par le général Vinoy sont dirigées sur l'Hay, tandis que la division du général d'Exéa opérera sur notre gauche et fera une pointe sur Choisy-le-Roi; mon bataillon, lancé en avant, traverse Chevilly au pas de course, frayant la route à une compagnie du génie chargée d'établir à la hâte quelques ouvrages de défense. L'infanterie prussienne avait jugé prudent de battre en retraite; mais elle se retirait lentement, protégée par un escadron de cavalerie qui, à plusieurs reprises et malgré une vive fusillade, exécuta contre nous des charges à fond de train.

Dans un des retours offensifs de l'ennemi, il s'approcha de nous tellement près que nous fûmes obligés de le recevoir sur la pointe de nos baïonnettes. Qu'on juge de ma stupéfaction quand je me trouvai face à face avec le même officier prussien que, le 21 septembre, dans la plaine d'Aubervilliers, j'avais tenu au bout de mon chassepot et qui était tombé devant moi, frappé d'une autre balle que la mienne; cette apparition m'ôta toute ma présence d'esprit, et j'allais être sabré par ce revenant, quand son cheval, atteint en plein poitrail, se renversa en arrière en l'entraînant dans sa chute. La vie de cet officier était

une seconde fois entre mes mains, car déjà j'avais retrouvé
mon sang-froid ; mais il était écrit que je n'aurais pas sur la
conscience la mort de cet homme : un de mes camarades, voyant
le malheureux, qui ne pouvait se dégager de dessous sa mon-
ture, armer son pistolet, lui passa sa baïonnette au travers du
corps. Pendant que nous nous barricadions dans Chevilly., la
division du général d'Exéa avait vainement tenté de pénétrer
dans Choisy-le-Roi, défendu par une formidable batterie prussienne ; deux fois le 35ᵉ de ligne, conduit par le général de
Guilhem, se précipita sur les canons de l'ennemi, deux fois il
fut forcé de reculer devant la mitraille qu'ils vomissaient.

L'occupation de Choisy-le-Roi devenant impossible, nos soldats se replièrent en bon ordre sur la redoute du Moulin-Saquet.
A ce moment, le 35ᵉ avait perdu 750 hommes et 28 officiers ;
c'est pendant ce mouvement en arrière qu'est tombé le brave
général de Guilhem dont j'ai vu revenir le cheval avec la selle
tachée de sang ; peut-être aura-t-il été relevé par une de nos ambulances, dont le rapport nous parviendra ce soir ou demain.

Quatorzième journée de siège.

Dimanche, 2 octobre 1870.

Rien dans la nuit.

Ce matin, on parle d'une reconnaissance qui serait faite du
côté d'Argenteuil.

* *

Je profite du calme relatif dont nous jouissons pour recueillir
l'opinion de quelques journaux sur la situation où se trouve la
capitale.

Je lis dans la *Liberté :*

« Comment les Prussiens prendraient-ils Paris ? Par une
attaque vive : c'est une partie à jouer. Pour qui, comme nous,
connaît les défenses de la capitale, c'est une partie que les
Prussiens perdront toujours. »

Second moyen : « L'investissement, l'interruption des convois, le bombardement? Pour que cela réussisse, il faut trois conditions : l'établissement de batteries nombreuses et puissantes, l'inaction de la place, la désertion de la France entière... »

L'*Opinion nationale* arrive aux mêmes conclusions par les mêmes motifs :

« Les Prussiens tenteront-ils une surprise ? Nous ne le pensons pas; car ils ont pu s'assurer que la place est bien gardée. Une attaque de vive force en passant entre les forts? Militairement, ce serait une folie. On ne donne jamais l'assaut à un rempart qu'après y avoir fait brèche; tenter un assaut, une escalade entre le feu des forts et de la place, sous la fusillade des tirailleurs et des mitrailleuses, ce serait s'exposer à des pertes énormes, avec la certitude d'échouer. Avant d'entreprendre l'attaque régulière d'un ou plusieurs forts, ou d'une partie de l'enceinte, ils essayeront encore très-probablement d'un dernier moyen d'intimidation : le bombardement. Il ne réussira pas mieux que les autres ; la grande cité est décidée à tous les sacrifices ; on luttera jusqu'à la dernière maison, jusqu'à la dernière cartouche. »

* *

M. le comte de Chambord a adressé la lettre suivante à M. le comte de Flavigny, président de la *Société française de secours aux blessés militaires*.

« Monsieur le comte,

» Condamné par l'exil à la douleur de ne pouvoir combattre
» pour ma patrie, j'admire plus que personne les prodiges de
» valeur de notre héroïque armée, et je veux du moins venir en
» aide, autant qu'il est en moi, à nos soldats blessés en accom-
» plissant le plus saint des devoirs. Je leur offre pour asile le
» château de Chambord, que la France m'a donné en des temps
» plus heureux, et dont j'aime à porter le nom en souvenir de
» mon pays.

» Recevez l'assurance de tous mes sentiments.

» HENRI. »

Quinzième journée de siége.

Lundi, 3 octobre 1870.

La journée s'est encore passée dans le plus grand calme ; l'ennemi continue à établir des tranchées de communication, à grande distance de nos lignes ; quelques coups de canon des forts inquiètent ces travaux.

Hier, une reconnaissance faite par un détachement du 19ᵉ de marche, entre Bezons et Argenteuil, a échangé des coups de fusil avec le poste prussien, placé sur l'autre rive de la Seine. Cinq ou six ennemis ont été tués ou blessés ; de notre côté, le sergent Rouzaud, s'étant avancé jusqu'au pont de Bezons, a eu la jambe traversée par une balle.

Le même jour, en avant de Noisy, le commandant Warnet, avec sept compagnies de gardes mobiles (Côtes-du-Nord, Finistère et 8ᵉ bataillon de la Seine), a poussé une reconnaissance au delà de Bondy. Un poste prussien, établi dans ce village, s'est replié en toute hâte sur la forêt, en arrière, pour n'être pas enlevé par nos soldats, qui s'avançaient au pas de course.

Au delà de Bondy, un feu assez vif de mousqueterie s'est engagé ; nous n'avons eu qu'un blessé. La retraite s'est effectuée en bon ordre, sous la protection du 3ᵉ bataillon du Finistère (commandant du Legge).

En somme, la reconnaissance avait atteint son but en constatant qu'un seul pont était jeté sur la rive droite de la Seine par les Prussiens, à la pointe de l'île de Croissy.

La première chose à laquelle l'ennemi devait songer dès son arrivée, c'était de se fortifier sur certains points de concentration choisis d'avance ; en vue d'une attaque de l'armée de défense de Paris, mais surtout en prévision de la marche de l'armée de secours. C'est à quoi les Prussiens n'ont pas manqué. Ils ont commencé par occuper fortement Choisy-le-Roi pour défendre le passage de la Seine et les deux routes allant du fleuve à Versailles ; ils ont construit un camp retranché sur le plateau de Satory au-dessus de Versailles, pour leur servir de point d'appui et au besoin d'abri, et ils se fortifient de la même manière vers Montmorency.

De plus, ils ont jeté des ponts en aval du coude que fait la Seine entre Saint-Cloud et Croissy, un entre autres à Triel, pour faire communiquer les deux armées établies à l'ouest de Paris ; et pour mieux garantir leur jonction, ils se sont établis très-solidement, de Saint-Germain à Saint-Cloud, sur les collines de Marly et de Bougival, ainsi que dans les bois qui couvrent cet intervalle. En outre, ils ont couronné toutes les hauteurs depuis Saint-Cloud jusqu'à Meudon, et ont construit cinq grandes batteries : la première à Fleury, en face d'Issy ; la seconde à Bellevue, la troisième à Brimborion, au-dessus de Sèvres ; la quatrième à la Lanterne de Démosthènes, dans le parc, et la dernière à Montretout.

*
* *

On a formé un bataillon de guerre des gardes à pied et à cheval des promenades publiques de Paris.

*
* *

La première barricade de la route d'Issy est confiée à un corps d'anciens sergents de ville sous les ordres du capitaine Rochat.

Seizième journée de siége.

Mardi, 4 octobre 1870.

Ce matin à sept heures, le général Vinoy est passé sur l'avenue d'Orléans, se dirigeant vers les fortifications. On nous annonce qu'il est allé visiter les trois forts de Bicêtre, de Montrouge et de Vanves, pour s'assurer des positions de l'ennemi.

A la suite du général, deux régiments de ligne ont pris la même route pour aller camper en dehors des remparts. A huit heures, deux bataillons de la garde mobile montaient le boulevard Saint-Michel au pas de marche, les tambours battant la charge. Ils se dirigeaient également vers la plaine de Montrouge.

* *

Triste nouvelle... Je viens de lire ce matin la communication officielle suivante, affichée sur les murs de Paris.

« Toul et Strasbourg viennent de succomber.

» Cinquante jours durant, ces deux héroïques cités ont essuyé, avec la plus mâle constance, une véritable pluie de boulets et d'obus.

» Epuisées de munitions et de vivres, elles défiaient encore l'ennemi.

» Elles n'ont capitulé qu'après avoir vu leurs murailles abattues crouler sous le feu des assaillants.

» Paris saura suivre cet exemple ! Il cherche aujourd'hui à s'en rendre digne. »

* *

La statue de Strasbourg est littéralement ensevelie sous les fleurs.

* *

Parmi les blessés de l'ambulance du Théâtre-Français, se trouvait un capitaine vieux grognard.

Il avait pris en amitié Madeleine Brohan, et ne se laissait panser que si elle était là.

Absente, il la réclamait avec une affectueuse énergie :

— Mille tonnerres ! Madeleine n'est donc pas là? Appelez Madeleine !

Ce brave, choyé par ces bonnes infirmières, n'a pas voulu partir sans laisser un souvenir de lui à sa Madeleine : une maîtresse pipe culottée représentant Bismarck.

* *

M. de Pène, le spirituel rédacteur de *Paris-Journal*, vient de trouver un engin de défense qui laisse bien loin derrière lui chassepots, mitrailleuses, canons d'acier.

Cet engin, ce n'est qu'un mot, mais un mot à aiguille, un mot *rayé*, un mot chargé au picrate de potasse.

— Si Paris est vaincu, a-t-il dit, Paris sera RIDICULE !

Et comme Paris ne saurait se résoudre à être ridicule, sous aucun prétexte, Paris est désormais invincible.

⁎

D'après une prophétie de Nostradamus, le deuxième empire ne devait durer que dix-huit ans moins trois mois et pas plus, pas un jour de plus.

> Quand le second Empire en Lutèce adviendra
> (Ceci n'est pas, las ! une facétie !)
> Dix-huit ans, moins un quart, pas plus, il ne vivra.

Dix-septième journée de siége.

Mercredi, 5 octobre 1870.

Cette nuit, vers deux heures, nous avons eu une véritable alerte ; le canon du fort de Vanves s'étant fait entendre, les postes de la garde nationale sédentaire de service aux fortifications, à partir de la porte de Vanves jusqu'à celle d'Italie, reçurent l'ordre de charger leurs armes et de prendre position sur les remparts ou dans les ouvrages avancés qui se relient aux fortifications. En moins de cinq minutes, environ six mille d'entre eux attendaient l'ennemi, prêts à le recevoir. Ils sont restés ainsi une-heure à leurs postes de combat. Vers les trois heures du matin, ils ont reçu l'ordre de rentrer sous leurs abris.

Dès six heures, le Mont-Valérien tonnait de toutes ses pièces ; le brouillard était si épais qu'on avait peine à distinguer les objets.

A un moment, ce n'a plus été qu'un bruit formidable. Les forts lançaient des obus, Vanves croisait ses feux avec le Mont-Valérien, Issy envoyait des bombes dans la même direction que Montrouge ; et, cela ne suffisant pas, les canons du rempart, bastions 59 et 63, se sont mis de la partie. Enfin, nous avons entendu le canon dans la direction de Meudon : c'étaient nos canonnières qui opéraient du côté de Brimborion.

C'est contre ces positions dangereuses qu'était dirigé le feu. Quand le soleil a paru, dissipant le brouillard, on a pu voir l'ouvrage de Sèvres complétement ravagé. Tout était ruiné, tout était perdu : il en était de même de Meudon et de Brimborion.

Le résultat de la journée a donc été excellent : les ouvrages que les Prussiens avaient mis plusieurs jours à construire sont à recommencer.

*
* *

On est en train d'installer à Passy, au haut de la rue des Vignes, une formidable batterie, destinée à faire face aux canons que les Prussiens cherchent à établir à Saint-Cloud sur le plateau le plus élevé du parc.

Dans la journée, à la suite du feu du Mont-Valérien, sur les crêtes boisées, entre Saint-Cloud et Bougival, des troupes enne-mies ont essayé de se réfugier dans ce dernier village : elles en ont été délogées avec quelques gros projectiles de mariné.

*
* *

Le labyrinthe du Jardin des Plantes vient d'être livré au génie militaire, qui va établir sur le belvédère une batterie de siége : cette batterie protégera efficacement Bercy.

*
* *

On vient d'arrêter, aux environs du Champ de Mars, un espion prussien. Il a fait des aveux complets : il se nomme Hartz, appartient à une très-bonne famille et, en raison de la connaissance de notre langue, qu'il parle sans accent, il a été chargé d'étudier spécialement l'esprit public ; il passera proba-blement devant un conseil de guerre.

Dix-huitième journée de siége.

Jeudi, 6 octobre 1870.

Cette nuit, à quatre heures, nos postes avancés du côté du Raincy ont été attaqués par des patrouilles ennemies qui ont été reçues vigoureusement.

A cinq heures, on a entendu quelques coups de feu dans la direction de Choisy-le-Roi.

On m'apprend que quelques coureurs de l'ennemi, faisant une reconnaissance du côté du Moulin-Saquet, sont tombés dans une embuscade de mobiles, qui les ont décimés.

*
* *

Le gouvernement reçoit à l'instant de Tours les lignes suivantes, qu'il transcrit fidèlement :

« La province se lève et se met en mouvement.

» Les départements s'organisent.

» Tous les hommes valides accourent au cri : NI UN POUCE DE TERRAIN, NI UNE PIERRE DE NOS FORTERESSES, SUS A L'ENNEMI ; GUERRE A OUTRANCE. »

*
* *

Voici quelques détails sur ce qui se passe à Versailles :

Le prince royal est logé à la préfecture. On prépare au Grand-Trianon les appartements du roi Guillaume.

Les Prussiens, à peine installés dans la ville, ont commencé par s'emparer de tous les bureaux de tabac, qu'ils font garder par des sentinelles.

Le palais est transformé en ambulance. Le lycée est devenu l'hôpital de l'armée prussienne, dans laquelle la dyssenterie fait de sérieux ravages.

La ville, d'ailleurs, est fort calme; les habitants circulent librement, mais doivent être rentrés chez eux le soir à dix heures. Il est interdit, surtout le soir, de marcher par groupes de plus de deux ou trois personnes.

*
* *

Une grande partie des bateaux-mouches a été nolisée par l'Etat, qui s'en sert pour faire transporter les troupes, les munitions et les vivres.

*
* *

Veut-on savoir pourquoi, à un moment donné, il est impossible que la France ne triomphe pas sur toute la ligne?

Horace nous le dit; il définit ainsi la Gaule :

« *La terre où l'on n'éprouve pas la peur de la mort.* »

Dix-neuvième journée de siége.

Vendredi, 7 octobre 1870.

Nuit tranquille ; à peine quelques coups de canon tirés sans doute sur des corps de troupes en mouvement, et trahis par les feux électriques lancés de nos forts dans toutes les directions.

Dans la matinée, les forts d'Ivry, de Bicêtre, de Charenton et de Gravelle n'ont cessé de tirer, tantôt alternativement, tantôt ensemble. Leurs boulets et leurs bombes étaient dirigés tour à tour sur la barricade du carrefour Pompadour et sur les ouvrages avancés de Choisy-le-Roi.

Les forts de l'Est et de la Double-Couronne ont donné pendant une grande partie de la journée, renversant tout ce qu'ils pouvaient trouver d'inquiétant.

Cette canonnade nourrie a empêché les Prussiens de continuer les travaux de tranchées et de remblais qui doivent relier Garches et Stains à Dugny.

La Briche a lancé quelques boulets du côté de Villetaneuse.

Dans la plaine, aucun engagement entre nos tirailleurs et ceux de l'ennemi, maintenu loin de nos lignes par le feu des forteresses.

Nous voici dans la troisième semaine du siége.

Trois semaines bientôt que Paris, enserré dans un cercle de fer, maintient à distance les quatre cent mille soldats alignés par la Prusse autour de son enceinte ; trois semaines que la capitale, entièrement livrée à ses propres ressources, vit séparée du reste de la France, isolée de l'Europe et du monde.

Un seul nuage sombre est venu obscurcir notre horizon... Toul et Strasbourg ont succombé ! Les deux cités héroïques sont devenues la proie de l'ennemi. On ne les a point terrassés, ces géants ; ils sont tombés, tombés d'inanition.

*
* *

Tarif des denrées alimentaires :
La morue, 1 fr. 30.

Un peu de bœuf salé à 1 fr. 75 et 2 fr. 50 le demi-kilog.

Le poisson de Seine très-couru. Le goujon mêlé d'ablettes, 2 fr. le petit plat pour deux personnes faciles à contenter.

Une belle anguille, 15 fr.

Un beau brochet, 14 fr.

Une belle carpe, 12 et 15 fr.

Le beurre salé, assez rare et médiocre, 4 fr. 50.

Les graisses de bœuf fondues, 2 fr.; le saindoux, 2 fr 25.

Carottes belles, la botte moyenne, 1 fr. 50.

Choux passables, de 75 c. à 1 fr. 80.

Choux-fleurs moyens, 1 fr. 50.

Navets, 1 fr. la botte moyenne.

Pois verts gros, 3 fr. le litre.

Haricots blancs, frais, 1 fr. 50 le litre.

Flageolets, très-beaux, 3 fr. 50 le litre. Les mêmes, très-fins, 6 fr. le litre.

Le céleri rave, à raison de 25 c. le pied.

Le céleri salade, la botte de six pieds, 1 fr. 20 et 1 fr. 50.

Les haricots verts, de 70 c. à 1 fr. 50 la livre; les pommes de terre, 3 fr. 50 le boisseau; les œufs, 2 fr. 30 la douzaine; les volailles se vendent difficilement.

Un poulet passable vaut 12 fr.

Une dinde fort ordinaire, 30 fr.

Un lapin, 15 fr.

Le prix de la viande de boucherie n'a pas varié depuis huit jours; l'âne, dont la chair est bien préférable à celle du cheval, vaut 80 c. le demi-kilogramme.

Vingtième journée de siége.

.Samedi, 8 octobre 1870.

L'ennemi a fait, cette nuit, une tentative sur la redoute de Gravelle, construite à la lisière du bois de Vincennes, près de Joinville-le-Pont.

Les forts de l'Est et de la Double-Couronne ont tiré toute la matinée : ils ont réussi à bouleverser les travaux de l'ennemi devant Garges et Dugny.

J'extrais les lignes suivantes de deux rapports militaires publiés dans la soirée, le premier par l'amiral Saisset, le second par le général Ducrot.

Extrait du premier rapport :

« Cette après-midi, nous avons chassé l'ennemi de Bondy et occupé le village le temps nécessaire pour détruire, au moyen de pétards, les localités trop rapprochées de nos tirailleurs.

» L'affaire a été très-bien conduite par M. le chef de bataillon d'infanterie de marine du fort de Noisy, M. Bouzigou, et par M. le colonel Lafon, des éclaireurs de la Seine. »

Extrait du deuxième rapport :

« Une colonne, composée d'un détachement des tirailleurs des Ternes, d'un détachement des francs-tireurs de Paris, sous les ordres du commandant Thierrard, de six cents gardes mobiles des 7ᵉ bataillon de la Seine, 4ᵉ bataillon d'Ile-et-Vilaine et 1ᵉʳ bataillon de l'Aisne, le tout sous la direction du général Martenot, a poussé jusqu'à la Malmaison, en passant par Nanterre et Rueil.

» Le commandant Thierrard, avec ses francs-tireurs et quelques sapeurs du génie, ont pétardé le mur et sont entrés dans le parc par la brèche.

» Pendant cette opération, les éclaireurs de la garde nationale de la Seine, commandant de Rilleaux, s'avançant hardiment dans la plaine de Genevilliers, poussaient résolûment jusqu'au bord de la Seine, où ils engageaient une vive fusillade avec les tirailleurs ennemis, entre Bezons et Argenteuil. »

Pendant que les défenseurs de Paris étaient sur les remparts ou se battaient aux avant-postes, voici ce qui se passait dans l'intérieur de la capitale.

Vers une heure et demie, se formait sur la place de l'Hôtel-de-ville un groupe de trois ou quatre cents personnes, criant :

Vive la Commune! A deux heures, le 84e bataillon de la garde
nationale (commandant Bixio) venait se déployer en cordon sur
deux rangs le long de la façade de l'Hôtel-de-ville. Ce mouvement provoqua une assez grande affluence de curieux, et les cris
prirent une certaine intensité. Mais la masse des assistants restait indifférente à ces provocations ; bien plus, tout autour de
la place et dans les rues adjacentes, on protestait avec une vive
énergie contre les meneurs qui compromettaient le succès de la
Défense nationale par des excitations factieuses.

Sur ces entrefaites, le général Trochu arrivait à cheval. Seul,
laissant loin en arrière son état-major, il parcourut la foule et
fut accueilli par les cris les plus sympathiques. Un peu plus tard,
le général Tamisier était également acclamé.

Cependant le bruit se répandait dans Paris qu'une tentative
était faite pour exercer une pression sur le gouvernement de la
Défense nationale. On vit alors accourir bataillons sur bataillons.
Les groupes hostiles, comprenant leur impuissance, se retirèrent, et la garde nationale ayant occupé la place dans toute son
étendue, les membres du gouvernement présents à l'Hôtel-de-
ville descendirent pour la passer en revue.

Une heure plus tard, malgré une pluie torrentielle et la nuit
tombante, de nouveaux bataillons remplissaient la place de
l'Hôtel-de-ville, et les membres du gouvernement durent passer
une seconde revue au milieu des mêmes démonstrations de
sympathie et d'enthousiasme.

Ainsi s'est terminée cette grande journée, qui a tourné à la
confusion des agitateurs et qui a démontré que le peuple de
Paris est décidé à faire bonne justice de toute tentative de sédition.

⁎

L'un des fils du duc de Castries, proche parent du maréchal
Mac-Mahon, le vicomte de Castries, sous-lieutenant de lanciers
qui avait été blessé dans la journée du 30, est mort ce matin,
à huit heures, à l'ambulance de la rue de Milan.

Vingt et unième journée de siége.

Dimanche, 9 octobre 1870.

Ce matin, dans une reconnaissance en avant de Bondy, le lieutenant Mascret, des francs-tireurs des Lilas, est tombé sous le feu de l'ennemi.

*
* *

Le Mont-Valérien, à midi, précipitait son tir dans la direction de Montretout et Garches. Des obus lancés dans la direction de la Lanterne de Démosthènes viennent éclater à ses pieds en y causant beaucoup de désordre.

Trois projectiles, entre autres, arrivent, l'un au pied, l'autre au-dessus, et le troisième sur le monument même de la Lanterne. Ce sont les artilleurs de la marine *et de la mobile* qui dirigent les pièces.

Au-dessus de Saint-Cloud, entre Montretout et Suresnes, une maison s'écroule en lançant dans les airs un tourbillon de poussière. C'est encore l'ouvrage du Mont-Valérien.

Vers cinq heures environ, le fort d'Issy prend la parole. Du premier coup envoyé, son obus enlève toute la toiture de l'aile gauche du château de Meudon. De la poussière, de la fumée et une détonation ; c'est tout, le toit n'existe plus.

Aujourd'hui, j'ai pu visiter Gentilly, Cachan, Villejuif et tout le côté de la plaine qui est borné par la Bièvre jusqu'à Arcueil. Toutes ces localités occupées par l'ennemi, il y a quatre ou cinq jours, sont en notre pouvoir ; les mobiles et les francs-tireurs gardent en ce moment les avant-postes où les Prussiens s'étaient solidement établis. Clamart continue à nous appartenir; les mobiles y sont convenablement installés. A la dernière attaque de Clamart, l'ennemi a perdu vingt hommes ; du côté des mobiles il y a eu trois blessés ; le lieutenant-colonel Rambaud se plaît à reconnaître la belle conduite de ses jeunes soldats.

Par suite d'une brillante reconnaissance faite dans la journée, le Bas-Meudon se trouve débloqué.

On m'a raconté aujourd'hui un épisode de la guerre digne des temps les plus héroïques de notre histoire nationale.

Un simple soldat, un fantassin, en est le héros.

Le feu était engagé. C'était dans ces derniers combats. Une pluie de balles ennemies tombait dans nos rangs et couchait les plus braves. Au milieu de la mêlée, sans tenir compte de la foudroyante destruction, notre héros abaissait lentement son chassepot et tirait, rechargeait tranquillement son arme, choisissait son homme, visait encore, lâchait son coup, et, toujours calme et résolu, poursuivait son œuvre sans se préoccuper de ce qui se passait autour de lui.

Un officier qui se trouvait à son côté, le même qui nous a raconté cette histoire, lui demanda pourquoi il tirait aussi lentement.

— Je vas vous dire, mon capitaine, fit le fantassin en s'adressant à l'officier ; j'ai remarqué que les officiers prussiens, malgré la simplicité de leur tenue, sont facilement reconnaissables à leur attitude pendant l'action. Remarquez ; les soldats tirent sans épauler ; à côté, vous voyez un homme les bras croisés, tenant son sabre la lame en l'air, c'est l'officier qui commande la compagnie, c'est à celui-là que j'adresse mon pruneau de préférence, et, comme j'ai bon œil, je manque rarement mon coup ; seulement, il ne faut pas se presser. Tenez, continua le troupier, en voici un qui vient de prendre la place de celui que je viens de relever de faction ; vous allez voir.

Le soldat visa, le coup partit, et l'officier prussien tomba ; puis il tira sur un second, un troisième, et tous tombèrent. Le soldat visait encore lorsque une balle ennemie lui jeta le képi sur les yeux. Sans s'émouvoir, il relève son képi et fait feu de nouveau, et toujours avec le même succès.

Enfin, le lendemain, lorsque le combat eut cessé, l'officier chercha son fantassin et parvint à le rencontrer : il n'avait pas une égratignure.

— Et combien en avez-vous tué ? lui demanda l'officier.

— Voilà le compte exact, mon capitaine.

Au même instant, le soldat tira un petit carnet de sa poche

sur lequel tous ses coups qui avaient tué un officier étaient scrupuleusement marqués : il y en avait trente-trois.

Ce soldat a été décoré.

Vingt-deuxième journée de siége.

Lundi, 10 octobre 1870.

Les Prussiens étaient parvenus à établir une batterie sur la hauteur du moulin d'Orgemont. Vers neuf heures, ce matin, deux bombes tombèrent sur Saint-Ouen sans causer aucune perte à nos troupes.

La batterie de Saint-Ouen répondit alors, et nos artilleurs pointèrent si juste, que les ouvrages prussiens furent détruits après une vingtaine de coups.

Des compagnies de la ligne de la redoute de la Boissière-, Montreuil et Noisy, en service aujourd'hui dans la plaine, pour la protection de nos travailleurs et celle des cultivateurs et maraîchers, avec un bataillon de mobiles du Nord en réserve, ont eu cette après-midi un engagement très-vif avec l'ennemi. Ce dernier n'a pas tardé à amener, à la sortie des bois, à notre gauche, deux pièces d'artillerie qui ont pu tirer sur nos troupes une dizaine de coups à obus et à mitraille.

Ces pièces ont été promptement et complétement démontées. par le feu bien dirigé de quelques pièces des trois forts.

Midi. Une action sérieuse s'engage en ce moment du côté de Meudon et du Mont-Valérien.

Trois heures. Le drapeau prussien vient d'être arboré au faîte du château de Meudon.

Les coteaux qui s'élèvent au-dessus de Sèvres ont été littéralement bombardés par une de nos canonnières.

Sous la mitraille, les branches craquaient, la terre volait, et les plus gros arbres, tordus et carbonisés, tombaient avec fracas sur les ouvrages des Prussiens.

Sont présentement en réparation et destinés à partir de deux jours en deux jours les ballons-poste dont les noms suivent :

Le *Lafayette*, qu'une violente bourrasque a empêché de partir aujourd'hui ; le *Jean-Bart ;* le *Vauban*.

Le volume de ces ballons est de 2,045 mètres cubes.

Ils emporteront successivement des paquets de lettres, et chacun trente pigeons destinés à nous apporter de Tours des dépêches.

Pour suffire à un service aussi important, MM. Eugène et Jules Godard dirigent une école d'aéronautes, dont le personnel, composé de marins choisis, a été mis à leur disposition par M. l'amiral La Roncière Le Noury.

J'ai recueilli quelques renseignements supplémentaires touchant l'organisation du service des aérostats postaux. Ce service est divisé en deux sections, l'une de la rive droite et l'autre de la rive gauche. Celle de la rive droite est sous la direction de M. Nadar ; celle de la rive gauche, sous la direction de M. Eugène Godard.

Vingt-troisième journée de siége.

Mardi, 11 octobre 1870.

Dans la journée, de nombreux mouvements de troupes ont été signalés chez l'ennemi, en avant de nos lignes du sud, hors de portée de nos feux. Le gouverneur de Paris a été visiter le Moulin-Saquet, Villejuif et les Hautes-Bruyères ; toutes ces positions sont en remarquable état de défense.

Il s'est passé à Bondy un fait assez heureux. L'ennemi enlevait d'habitude tout ce qu'il trouvait dans la campagne. Le contre-amiral Saisset, voulant mettre un terme à ces déprédations, envoya un détachement de véritables gamins de Paris organisés en éclaireurs volontaires. Ces jeunes intrépides se sont emparés de quantités considérables de légumes frais ou secs, qui allaient devenir la proie des Prussiens. Il y en a, paraît-il, pour 150,000 francs. On s'est empressé d'envoyer des fourgons

pour chercher ce butin ; chaque fourgon contenait environ pour
1,000 francs de denrées. Il en est déjà arrivé à Paris soixante
voitures, dont le contenu sera vendu à la Halle.

Dans l'après-midi, le général Blanchard a occupé, sans coup
férir, un point important à cause de son voisinage de Cachan,
qui est aujourd'hui mis en état de défense par nous.

**

Lorsque le général Noël fut installé au Mont-Valérien en
qualité de commandant de cette redoutable forteresse, le ministre des travaux publics, M. Dorian, alla visiter les travaux en
cours d'exécution.

— Général, dit-il au nouveau commandant, inutile de vous
dire qu'on ne rend pas une pareille forteresse, on la fait sauter.

— Ah! dit le général, voilà la première fois depuis longtemps
que j'entends parler français. Eh bien, monsieur le ministre,
confiance pour confiance : venez voir ma cave.

Le ministre descendit en effet.

— Voici mes provisions, dit le général.

Et il montra du doigt des barils de poudre.

— Vous voyez, monsieur le ministre, que j'avais prévu votre
recommandation.

Il y a encore dans Paris, pour plus de deux mois de vivres, à
150 grammes de viande par personne, et dans cette évaluation
ne sont pas compris les approvisionnements particuliers, dont
il est impossible de se rendre exactement compte.

**

Un vieux *dur à cuire*, un ancien chasseur de la garde, me
racontait dernièrement comment l'abbé Parabère opérait la
conversion d'un zouave endurci.

— Eh bien, vieux chacal, tu as donc chaud ?

— C'est vrai, monsieur l'abbé.

— Viens boire un verre de dur... sac à papier... Tu es Pari-
sien, n'est-ce pas ? ajoutait l'abbé Parabère en lui versant un
verre d'eau-de-vie.

— Ah! oui... je suis du Gros-Caillou, passage César.

— Tu as une mère ?

— Oui... pauvre femme, et qui m'aime bien , allez !

— Et que tu as fait enrager un peu, gredin ?

— Ah ! je m'en repens bien, elle est si bonne.

— Bois un second verre de rude à sa santé.

— Tout de même, monsieur l'abbé.

— Tu as alors tous les vices ; tu as été aussi chapardeur (maraudeur) ?

— Un tantinet.

— Eh bien , je vois, ajoutait l'abbé, que si tu fais l'appel nominal des sept péchés capitaux dans la chambrée de ta conscience, il n'y en a pas beaucoup qui ont découché, et on dit qu'avant d'aller au feu tu ne veux pas te confesser ?

— Jamais, monsieur l'abbé ; vous êtes un bon zig... je ne dis pas , mais pour ce qui est du confessionnal, je pose ma chique.... n'en faut pas.

— Mais, imbécile, s'écriait alors l'abbé Parabère en appuyant sa main sur l'épaule du zouave, tu viens de faire sans le savoir ta confession générale , comme un marié dont on a publié les bans, et malgré tout je te donne l'absolution.

Vingt-quatrième journée de siége.

Mercredi, 12 octobre 1870.

Pendant la nuit, on a pu constater, de l'observatoire établi au sommet du Mont-Valérien, que les sapeurs du génie prussien étaient en train d'abattre les arbres d'un petit bouquet de bois voisin d'une des longues avenues du parc de Meudon.

Ce fait paraissant étrange, à deux heures du matin on essaya d'envoyer sur ce point quelques obus qui ne portèrent pas ; on dut attendre le jour. Qu'on juge de l'étonnement de nos canonniers : Pendant la nuit, quinze énormes canons, établis sous bois, avaient été démasqués vers l'endroit suspect; ils étaient braqués sur le Point-du-Jour. Alors, on eut recours aux

grandes pièces de marine installées sur la plate-forme la plus
élevée du fort, et bientôt quelques obus tombèrent en plein
dans l'ouvrage ennemi. Le fort d'Issy se mit bientôt de la partie,
et, comme le Mont-Valérien, il dut se servir de ses pièces à
longue portée.

A dix heures, la batterie prussienne était entièrement démontée,
et les terrassements qui la soutenaient bouleversés et écroulés.

Ce matin, le lieutenant-colonel Reille, commandant le 7ᵉ régiment des gardes mobiles (Tarn), a exécuté une reconnaissance
importante, dans le but de s'assurer de la présence des forces
ennemies au bois de Neuilly-sur-Marne et au plateau d'Avron.

Les postes prussiens se sont repliés vivement devant les
spahis, soutenus par nos tirailleurs, et se sont dérobés dans un
bois qui s'étend entre Neuilly et Villemomble. Le village du
Bois-de-Neuilly a été occupé et fouillé dans tous les sens.

A la gauche, trois compagnies, sous les ordres du commandant Foucaud, ont gravi les pentes d'Avron.

Une division du 1ᵉʳ régiment de chasseurs a fouillé la partie
dénudée et reconnu le plateau en tous sens sans voir d'ennemis, sauf du côté de Villemomble, en arrière du village.

A l'extrémité du mouvement de terrain, l'infanterie prit à
revers le bois que l'ennemi, qui s'y était retiré, n'essaya pas de
défendre, bien qu'il y eût fait des abatis.

Le lieutenant-colonel Reille se loue beaucoup de l'attitude
des mobiles et du concours que lui ont prêté les chasseurs et
les spahis.

De son côté, le général Ducrot a poussé, dans la journée,
une reconnaissance au delà de la Malmaison. Les éclaireurs
Dumas et les éclaireurs de la ligne (commandant Lopez),
s'étaient engagés résolûment à la gauche et en avant de Rueil.
Les mobiles du Morbihan, après avoir essuyé des feux de peloton partant du parc de la Malmaison, se sont trouvés en présence de batteries prussiennes à la bifurcation des routes de
Bougival et de la Jonchère.

Ces batteries se sont démasquées à trois cents mètres, et leur feu n'a pas atteint un seul des nôtres, les boîtes à mitraille ayant fait balle au lieu de s'écarter. Les mobiles se sont mis à couvert dans les fossés de la route, et de là ont ouvert le feu sur l'ennemi qui a été contraint de se retirer. Son artillerie, réduite au silence par la nôtre, a été poursuivie dans sa retraite par les obus du Mont-Valérien jusqu'à Bougival.

*
* *

A Stains et à Pierrefitte, de jour et de nuit, à toute heure, nos mobiles font la chasse aux détachements ennemis et pillent leurs provisions. Hier, ils dévalisaient un magnifique fruitier où les Prussiens avaient entassé les dépouilles de nombreux vergers ; aujourd'hui, c'est un tonneau ventru qu'ils rapportent triomphalement. Les Prussiens venaient de le mettre en perce ; mais n'avaient guère eu le temps d'y goûter ; tout au plus y avaient-ils pris le coup de l'étrier au moment où fut signalée l'approche des moblots.

*
* *

Un de mes reporters m'assure avoir entendu tout à l'heure, à une station de voitures, le colloque suivant :

— Où allons-nous, bourgeois ?

— Du côté des fortifications.... et prenez bien garde....

— N'ayez pas peur.... Mais, en cas d'accident, à quelle ambulance voulez-vous que je vous conduise ?

Vingt-cinquième journée de siége.

Jeudi, 13 octobre 1870.

Des mouvements de troupes considérables de l'ennemi ayant été signalés pendant ces derniers jours, le gouverneur avait décidé qu'une reconnaissance offensive serait faite ce matin par la division Blanchard.

J'apprends à l'instant qu'après un combat acharné, nos troupes sont parvenues à déloger les Prussiens de Bagneux.

Ce village a été enlevé par les mobiles de la Côte-d'Or et de l'Aube. Le premier bataillon de l'Aube, qui voyait le feu pour la première fois, a eu une attitude excellente ; son commandant, le comte de Dampierre, est tombé glorieusement devant une barricade au moment où il s'élançait à la tête de sa troupe. Ses dernières paroles ont été : « En avant ! mes amis ! »

Voici le rapport du général Vinoy sur cette affaire :

« Monsieur le gouverneur, dans la soirée du 12 courant, vous m'avez prescrit d'opérer une grande reconnaissance sur Bagneux et Châtillon, et de tâter fortement l'ennemi vers ces positions.

» J'ai transmis immédiatement vos ordres, et, pour en diriger et en surveiller l'exécution, je me suis transporté le lendemain, dès six heures du matin, au fort Montrouge.

» Mes instructions n'ont pu parvenir au général Blanchard qu'à une heure assez avancée de la nuit, et les dispositions à prendre nécessitant un certain temps, l'attaque des villages n'a pu commencer que vers neuf heures. Cette circonstance n'a pas été défavorable au résultat de la journée, car l'attention de l'ennemi est surtout éveillée au point du jour ; plus tard, il se relâche un peu de sa surveillance.

» A neuf heures précises, toutes les troupes étaient postées aux points qui leur avaient été assignés d'avance. Elles se mettaient en mouvement à un signal convenu : deux coups de canon tirés par le fort Montrouge.

» La 3e division du 13e corps (général Blanchard) était spécialement chargée de l'action ; elle devait être soutenue par la brigade Dumoulin, de la division Maudhuy, et par la brigade de la Charrière, division Caussade.

» Deux bataillons du 13e de marche, avec 500 gardiens de la paix, devaient s'emparer de Clamart, s'y maintenir, surveiller Meudon et pousser les avant-postes jusque sur le plateau de Châtillon.

» Le général Susbielle, avec le reste de sa brigade (le 14e de marche et un bataillon du 13e), renforcée par 500 gardiens de la paix, devait attaquer Châtillon par la droite ; les mobiles de la Côte-d'Or et un bataillon des mobiles de l'Aube devaient forcer Bagneux, s'y établir solidement, tandis que le 53ᵉ de ligne, avec un autre bataillon de la Côte-d'Or, devait aborder Châtillon de front et occuper Fontenay, pour surveiller la route de Sceaux.

» Le 42ᵉ de ligne, avec le 3ᵉ bataillon de l'Aube, recevait l'ordre de rester en réserve en arrière de Châtillon, vers le centre des opérations, au lieu dit la Baraque.

» La brigade La Charrière avait pour mission de se porter sur la route de Bourg-la-Reine, et de maintenir les forces que l'ennemi dirigerait de ce côté, pour essayer de tourner notre gauche.

» La colonne de droite s'empare, sans coup férir, de Clamart, s'y maintient, mais trouve, près du plateau de Châtillon, des positions fortement occupées. Elle s'arrête donc sans pousser plus avant.

» Le général Susbielle attaque vigoureusement Châtillon, soutenu par son artillerie de campagne et par celle des forts d'Issy et de Vanves. Mais il est arrêté, dès l'entrée du village, par des barricades qui se succèdent, et par une vive fusillade partie des maisons crénelées. Il est obligé d'emporter une à une toutes ces maisons et de faire appel à l'énergie de ses troupes, tout en usant d'une extrême prudence, pour continuer cette guerre de siége. Le général reçoit un coup de feu à la jambe, mais sa blessure est heureusement sans gravité; il reste à cheval et continue à commander sa brigade.

» La colonne de gauche enlève rapidement Bagneux, après une vive résistance. Les mobiles de la Côte-d'Or et de l'Aube, sous la conduite du lieutenant-colonel de Grancey, se montrent aussi solides que de vieilles troupes. C'est dans cette attaque que le commandant de Dampierre, chef du bataillon de l'Aube, est tombé à la tête de son bataillon.

» Pendant ce temps, le 35ᵉ de ligne et un bataillon de la Côte-d'Or, sous les ordres du colonel de la Mariouse, tentent de se frayer un passage entre Bagneux et Châtillon; mais ils sont arrêtés par la mousqueterie et l'artillerie ennemies ; ils sont obligés, eux aussi, de faire le siége des maisons et des murs du parc, crénelés et vigoureusement défendus, et ils parviennent jusqu'au cœur du village.

» La brigade Dumoulin, qui avait pris position à la grange Ory, reçut l'ordre de se porter en avant pour appuyer le mouvement du colonel de la Mariouse ; elle occupa le bas de Bagneux, tandis que le 35° cheminait par le centre pour forcer la position de Châtillon.

» La brigade de la Charrière s'acquittait convenablement de la tâche qui lui avait été confiée. Elle faisait taire, par son artillerie judicieusement dirigée, le feu d'une batterie ennemie, postée vers l'extrémité de Bagneux, et qui s'efforçait d'inquiéter nos réserves dans le but de tourner notre gauche.

» Après cinq heures de combat, vous avez ordonné la retraite ; elle s'est effectuée dans le plus grand ordre. L'ennemi a essayé de reprendre rapidement ses positions, et il a engagé un feu très-vif de mousqueterie et d'artillerie ; mais nos batteries divisionnaires et les pièces des forts de Vanves, de Montrouge et d'Issy l'ont arrêté court dans cette tentative. Les troupes laissées en réserve ont appuyé la retraite avec calme.

» Le but que vous vous étiez proposé a été complétement atteint ; nous avons obligé l'ennemi à montrer ses forces, à appeler de nombreuses troupes de soutien, à essuyer le feu meurtrier de nos pièces de position et de notre excellente artillerie de campagne. Il a dû subir de fortes pertes, tandis que les nôtres sont peu sensibles, eu égard aux résultats obtenus. J'estime que nous n'avons pas eu plus de 30 hommes tués et 80 blessés.

» Vous avez pu juger vous-même, monsieur le gouverneur, par l'attitude des troupes qui reprenaient leurs campements, de l'élan et de la vigueur qu'elles avaient dû déployer dans l'attaque. »

* *
*

Pendant que le général de Bellemare opérait au sud-ouest de

-Paris, les carabiniers parisiens, sous les ordres du capitaine de la Cressonnière, faisaient une brillante reconnaissance dans la direction de la villa de Bourbaki.

Vingt-sixième journée de siége.

Vendredi, 14 octobre 1870.

Pendant la nuit, les francs-tireurs de la mobile (Loire-Inférieure), du Mont-Valérien, ont, dans une embuscade tendue près la Malmaison, dans l'avenue de Boispréau, tué un sergent et quatre soldats de la garde royale. Le commandant, M. de la Roche-Thulon, a fait coup double à quinze pas, au moment où le sergent allait tuer un de ses hommes.

Ce matin, vers onze heures, un clairon prussien a paru à la hauteur du presbytère de Bagneux, puis deux autres Prussiens, avec un drapeau blanc.

Deux des nôtres se sont détachés des avant-postes et ont fait la moitié du chemin.

Les parlementaires venaient demander un armistice pour enterrer leurs morts. Ils le demandaient jusqu'au lendemain matin. On ne leur a accordé que jusqu'à cinq heures du soir.

Dans le combat d'hier, le bataillon des gardiens de la paix a eu un officier tué, le sous-lieutenant Lherminier; un gardien, le nommé Robert, tué, et cinq gardiens blessés.

Le gouvernement de la Défense nationale a décidé que les veuves du sous-lieutenant Lherminier et du gardien Robert seraient traitées comme les veuves des officiers et soldats de l'armée.

*
* *

Une reconnaissance avait été décidée du côté de Chatou.

A une heure, un corps nombreux, traversant l'avenue de Neuilly, se rendit à Courbevoie.

Nos troupes comptaient environ 10,000 hommes, un régiment de zouaves, beaucoup de mobiles, parmi lesquels j'ai reconnu le bataillon de Bretons, dont fait partie mon cousin

4

Kergonnou, et enfin une formidable artillerie. Quelques mitrailleuses se trouvaient au milieu des pièces.

Ce grand déploiement de forces n'a pas amené de résultats importants, car l'ennemi s'est absolument refusé à accepter la lutte.

A peine a-t-il daigné répondre à notre artillerie. Comme à contre-cœur, il a tiré trente coups à mitraille. Pas un de nos hommes n'a été touché d'ailleurs, ce qui nuit considérablement à la réputation d'adroits pointeurs que s'étaient faite les Prussiens.

Les pertes de l'ennemi ont dû être assez sensibles. Nos mitrailleuses n'ont, il est vrai, tiré que deux coups, mais le Mont-Valérien a envoyé un grand nombre d'obus dans un bois, dans lequel, suivant l'expression de mon cher cousin, *grouillaient les Prussiens*.

* *

Les marins du fort de Montrouge ont exécuté un coup de main des plus hardis. Les francs-tireurs les ayant informés qu'un convoi de vivres, destiné à l'armée ennemie, était arrêté, avec escorte, en avant du village de Thiais, vingt matelots se sont avancés en rampant jusqu'à l'entrée de la localité, et s'élançant aussitôt sur les Prussiens, dont les armes étaient en faisceaux à vingt pas de distance, ils les ont attaqués à coups de hache, de poignard et de baïonnette.

Une centaine de Prussiens ont été massacrés ; les autres se sont enfuis dans le village. Nos marins se sont emparés immédiatement de trois fourgons qu'ils ont traînés avec eux, et ont incendié les autres. Pas un coup de fusil n'a été tiré.

* *

A la même heure, le 2ᵉ bataillon de la garde mobile des Côtes-du-Nord a eu un engagement d'une certaine importance contre les Prussiens qui occupent Gagny et Villemomble.

La 2ᵉ compagnie, sous les ordres du capitaine Surcouf, se déployait en tirailleurs. On vit un instant plus tard les Bas-Bretons, guidés par un enseigne de vaisseau du fort de Rosny et par leur capitaine, couronner les coteaux d'Avron ; une fois sur les hauteurs, les mobiles, rampant à travers les vignes, surprirent les grand'gardes ennemies en avant de Villemomble ; ils enga-gèrent alors une vive fusillade, et les Prussiens se replièrent dans le village, où ils furent poursuivis par les tirailleurs, appuyés presque aussitôt par le bataillon tout entier.

Les Prussiens, ne se trouvant pas en force, évacuèrent Ville-momble et se retranchèrent derrière la ligne du chemin de fer de Strasbourg où existait une solide barricade.

Le commandant de Saint-Gonan donna l'ordre d'attaquer cette position, et la compagnie du capitaine Surcouf s'élança à la baïonnette.

Il est à remarquer que toujours et partout où nos soldats ont à combattre corps à corps, l'avantage est de leur côté.

Cette fois encore, les Prussiens ne purent supporter le choc des mobiles qui se précipitaient sur eux en criant : *Vive la France*, et ils s'enfuirent dans le plus grand désordre pour chercher un abri derrière les carrières qui dominent Gagny.

Il était alors cinq heures ; le commandant de Saint-Gonan, debout sur la barricade enlevée d'assaut, fit sonner la retraite, et malgré les instances des officiers de son bataillon qui le sup-pliaient de ne pas exposer sa vie inutilement, il resta lui et le colonel Chollet du 20ᵉ régiment de mobiles, à ce qu'ils appe-laient un poste d'honneur, et cela malgré les balles qui sifflaient à leurs oreilles, jusqu'à ce que le dernier mobile Bas-Breton eût rejoint sa compagnie.

*
* *

On attribue le propos suivant au roi de Prusse :

— J'entrerai à Paris, dussé-je rester dix ans sous ses murs.

Vingt-septième journée de siége.

Samedi, 15 octobre 1870.

Cette nuit, une reconnaissance a occupé Créteil pendant plu-sieurs heures, pour faciliter le chargement et le transport de

quantités considérables de blés, avoines et pailles, restées dans
des fermes situées en avant de Maisons-Alfort, situées sur la
droite de la route de Lyon.

Ces approvisionnements ont été ramenés dans Paris. L'ennemi
n'a pas bougé. Il occupe toujours la barricade qu'il a construite
sur la route de Bâle, à 1,200 mètres en avant de Créteil.

Dans la matinée, le village d'Asnières a été occupé par trois
bataillons des mobiles de Seine-et-Marne ; j'ai vu défiler ces
braves défenseurs de Paris, qui semblent impatients de recevoir
le baptême du feu.

A la tête d'un des pelotons du 2e bataillon, je reconnais un
tout jeune homme, M. Renaud de Moustier, qui s'est engagé
dans la garde mobile sans attendre l'appel de la loi ; il sait que
noblesse oblige.

Ce bataillon, accompagné de travailleurs, a pour mission d'installer des barricades et de protéger le passage de la Seine en
crénelant les maisons dans la direction de la plaine de Gennevilliers.

La journée a été bonne. Tandis qu'une myriade de gens, de
toutes conditions, recueillaient les fruits de la terre, dans toute
l'étendue de la plaine de Rosny et aux environs de Bobigny,
sous la protection des mobiles du Finistère et du Nord, et sous
celle de l'infanterie de marine et de l'infanterie de ligne, l'artillerie de Romainville chassait l'ennemi de la ferme de Granlay;
de son côté, l'artillerie de Rosny a contenu l'ennemi dans le village du Raincy, et celle de Noisy l'a foudroyé au camp retranché
du pont de la Poudrette et dans la Maison-Grise.

A trois heures et demie, l'ennemi a arboré le pavillon blanc ;
les éclaireurs de la Seine, commandés par le colonel Lafon, ont
cessé le feu, et les forts également. A la faveur de l'armistice,
l'ennemi a relevé et emporté de ses ouvrages, ses morts et ses
blessés.

Dans cette rude journée, nos pertes ont été sensibles; on m'a cité entre autres le capitaine Burtin, des éclaireurs, tué à cent mètres des retranchements de l'ennemi.

Des renseignements certains font connaître que, dans la journée du 13 octobre, l'ennemi a eu plus de 1,200 tués ou blessés.

Ce soir, quelques mobiles bretons étaient arrêtés, sur le boulevard, devant une odieuse caricature du Pape, et de grosses larmes coulaient de leurs yeux.

La douleur de ces braves gens était fort touchante : on se rappelait involontairement que les jours de bataille, avant d'aller combattre, ils vont prier.

Un gentilhomme qui passait par là, M. de Gallard, s'approcha du marchand, acheta toute la collection et la mit en morceaux.

Vingt-huitième journée de siége.

Dimanche, 16 octobre 1870.

Rien de nouveau dans la nuit.

Deux ballons Godard, le *Jules-Favre* et le *Jean-Bart*, sont partis ce matin de la gare d'Orléans, emportant ensemble près de cinq cents kilogrammes de lettres et toutes les cartes-poste primitivement destinées aux ballons non montés.

Le *Jules-Favre* était monté par un aéronaute et par MM. Malapert et Ribot, chargés tous deux d'une mission du gouvernement.

Le *Jean-Bart* était conduit par un quartier-maître plein d'allure, M. Labadie, et par MM. Barthélemy et Dary, également chargés de missions.

A propos des départs successifs de tant de ballons, porteurs de dépêches et de lettres, je me permettrai de faire observer à MM. les aérostiers qu'ils partent toujours et ne reviennent jamais. Pourquoi donc ne pas essayer de traverser Paris, quitte, s'il leur est impossible d'y atterrir, à laisser tomber sur nous, au moyen d'un parachute, les réponses à nos missives attendues avec tant d'impatience et toujours inutilement ?

**

A la pointe du jour, des obus ont été lancés de la redoute de la Faisanderie sur le poste d'observation des Prussiens au nord de Champigny, et sur un autre poste, au four à chaux : deux de ces projectiles ont pénétré dans la maison qu'occupait l'ennemi.

Des coups de canon ont été tirés de la Gravelle et de Charenton sur Bonneuil, Montmesly et le carrefour Pompadour ; aucun mouvement de troupes n'a été aperçu.

**

Le gouverneur est allé aujourd'hui visiter les ambulances et les hôpitaux.

**

Après chaque escarmouche, chaque combat, un certain nombre de braves pioupious rapportent du champ de bataille, qui un casque prussien, qui un sabre, qui un objet quelconque provenant de l'ennemi.

Il y a déjà une petite Bourse établie à cet effet, et dont voici à peu près les tarifs :

Casque prussien en bon état. .	6 fr.
Casque prussien détérioré. . .	3
Sabre de cavalerie.	12
Sabre d'infanterie	7
Giberne	2
Médaille de Sadowa	6

Vingt-neuvième journée de siége.

Lundi, 17 octobre 1870.

Cette nuit il pleuvait à verse et on n'y voyait goutte à deux pas devant soi.

En sortant du fort de la Couronne, où je suis de service depuis deux jours, un caporal de ma compagnie, nommé Léon Piquet, chargé de relever les sentinelles avancées, trompé par les ténèbres dans lesquelles il était perdu, ne s'aperçut qu'au moment de donner le mot d'ordre qu'il se trouvait en face d'un factionnaire prussien. Il le prit à la gorge et lui arracha son fusil ; le pauvre diable suivit mon camarade sans résistance, en disant tout bas dans sa barbe : « Elle est mauvaise la farce, il aurait mieux aimé *la choucroute.* »

** **

Dans la journée, le fort de Nogent a tiré très-heureusement sur un poste prussien établi dans la pépinière de la ville de Paris ; deux obus ont pénétré dans la maison qui servait de poste, et, une heure après, une voiture d'ambulance est venue chercher des morts ou des blessés.

Ce matin, des obus de Nogent ont porté sur un assez gros peloton ennemi, à l'extrémité du plateau d'Avron.

La Faisanderie a tiré sur le poste prussien à la Fourche de Champigny ; la maison a été traversée de part en part, et l'ennemi s'est sauvé précipitamment.

Les Prussiens ont complétement évacué Créteil. Notre reconnaissance de Charenton a poussé jusqu'au moulin de la Marne sans trouver d'obstacles.

Le Mont-Valérien, la batterie Mortemart et quelques pièces du 6e secteur (Point-du-Jour) ont inquiété les travaux de l'ennemi à Montretout.

Vanves et Issy ont agi de la même manière sur Châtillon.

** **

Des jardiniers et des hommes de journée sont occupés, dans les petits jardins du Louvre, à remplir de terre des sacs de grosse toile. Ils disposent ces sacs dans l'ouverture des fenêtres qui éclairent la galerie du Louvre où sont exposés les antiques. Les mêmes précautions sont prises à l'école des Beaux-Arts ; elles ont pour objet de préserver les trésors renfermés dans ces palais en cas de bombardement.

Trentième journée de siége.

Mardi, 18 octobre 1870.

Au milieu de la nuit, dans les environs de Villejuif, les francs-tireurs des mobiles de Nantes sont tombés à l'improviste sur un escadron ennemi au moment où ces soldats se reposaient à côté de leurs chevaux.

Réveillés en sursaut, les Prussiens saisirent leurs carabines et firent feu. Nos francs-tireurs, qui avaient profité des accidents du terrain, ripostèrent, en tuèrent plusieurs, et rentrèrent à Paris avec vingt prisonniers et quinze chevaux.

M. Stanislas Pergeline, qui commande les francs-tireurs des mobiles, a dirigé cet heureux coup de main.

* *

Ce matin, une reconnaissance très-hardie a été exécutée en avant des forts de Rosny et de Nogent.

Cette reconnaissance a permis de constater que les avant-postes prussiens occupent aujourd'hui Launay, la Maison-Blanche et Neuilly-sur-Marne, c'est-à-dire à 4 kilomètres de Nogent.

Cette après-midi, à deux reprises, l'ennemi a tenté des attaques sur un poste de mobiles à Cachan; elles ont été aisément repoussées et ont donné lieu à une vive canonnade de nos forts, dont les obus ont été fouiller les positions ennemies de Châtillon, jusqu'à Bourg-la-Reine et l'Hay.

Dans la soirée, ont eu lieu à l'église de Belleville les obsèques de M. Burtin, capitaine de la 3e compagnie du 3e bataillon des francs-tireurs Lafon, tué samedi matin à l'attaque du Raincy.

M. Burtin est tombé, au début même de l'engagement, frappé d'une balle en pleine poitrine.

Comme ses hommes accouraient vers lui pour le secourir :

— C'est inutile, leur dit-il; allez, et faites comme moi.

* *

La garde républicaine, composée de bons officiers et de

soldats aguerris depuis plusieurs années au service , va , dit-on, être prochainement incorporée dans l'armée active et employée à la défense de Paris, où elle formera, avec les gendarmes à pied des départements, une division d'infanterie.

Afin d'assurer la promptitude des secours en cas d'incendie et dans la prévision d'un bombardement éventuel, on vient de relier toutes les casernes de pompiers de Paris à la caserne municipale. Les différents postes de pompiers vont eux-mêmes être reliés télégraphiquement aux casernes. Trente-huit d'entre eux le sont déjà.

*
* *

Un prisonnier prussien, conduit aujourd'hui par quatre soldats de la ligne à la place de Paris , voyant un grand embarras de voitures à la hauteur du Palais-Royal , prend tout à coup la parole et dit en excellent français à nos troupiers :

— Oh ! mon Dieu , nous aurons aussi court de prendre la rue Saint-Honoré.

A propos de prisonnier prussien, j'ai appris aujourd'hui qu'on avait fusillé le nommé Hartz, arrêté au Champ-de-Mars dans la journée du 5 octobre.

Trente et unième journée de siége.

Mercredi, 19 octobre 1870.

Cette nuit, nouvelle canonnade, très-violente, dans la direction de Bicêtre, de Montrouge et des Hautes-Bruyères. Du centre de Paris, des quais, on aperçoit très-distinctement l'éclair de chaque coup de canon.

A deux heures du matin , les Prussiens, après avoir installé une lampe électrique au sommet de la colline de Châtillon , en ont brusquement dirigé les rayons sur le fort de Vanves; mais l'ennemi n'a pu prolonger longtemps ses observations , car le fort de Montrouge a aussitôt envoyé deux obus qui , bien dirigés comme toujours, ont obligé les Prussiens à éteindre leur lumière.

La journée a été peu fertile en incidents. Quelques coups de canon tirés des forts, quelques reconnaissances assez semblables à celles que nous voyons tous les jours ont été, avec l'incendie du pont d'Argenteuil, les seuls faits de guerre à enregistrer.

Le moulin d'Orgemont est en parfait état ; les deux maisons qui le flanquent à droite et à gauche ne sont aucunement endommagées ; elles servent sans doute de résidence et de poste d'observation aux officiers de l'état-major prussien, dont, à l'aide d'une longue vue, on peut parfaitement distinguer les allées et venues. De Saint-Ouen, on apercevait fort bien une vingtaine de ces messieurs, regardant dans la direction de l'incendie du pont d'Argenteuil.

Saint-Ouen a l'air assez animé, comme partout où il y a des bataillons de la mobile de Paris ; les visites des parents, des amis et des simples curieux viennent donner un peu de vie et de gaieté au tableau.

*
* *

Il est triste de voir dans quel état se trouvent maintenant la plupart des parcs et des squares de Paris.

Cinq sont fermés pour cause d'emmagasinement de pétrole : ce sont le parc des buttes Chaumont, le parc de Monceaux, le square des Batignolles, le square de Montholon et celui de Montrouge.

Six ont conservé leur verdure et leurs fleurs : ce sont les squares du boulevard des Invalides, du musée de Cluny, du Temple, de Sainte-Clotilde, des Innocents et de la rue Monge. Ce dernier, notamment, que protége la statue de Voltaire, est frais et verdoyant comme si nous étions au mois de mai.

Un a été absolument dévasté par le public, c'est le square de la Trinité : pas une fleur, pas un brin d'herbe ; il est aussi nu et pelé que le Champ de Mars.

Un seul a servi aux exercices de gardes nationales, c'est celui des Arts-et-Métiers.

*
* *

Mme Trochu a visité l'ambulance du palais de l'Industrie ;

après s'être assurée que les blessés étaient entourés des soins les plus empressés, elle a félicité toutes les dames qui ont accepté avec tant de dévouement et d'abnégation la mission de Sœurs de Charité.

**

Un propriétaire de Saint-Mandé donnait hier à dîner à ses amis.

Rien que du cheval sur la table.

Personne ne s'en est plaint; on a seulement fait observer à l'amphytrion qu'en pareil cas on ne réunit plus ses convives au son de la cloche : on fait sonner « le boute-selle. »

Trente-deuxième journée de siége.

Jeudi, 20 octobre 1870.

Vers trois heures du matin, canonnade des forts du sud de Paris; ce matin, comme d'ordinaire, postes prussiens dans les redoutes de Montretout et de la Poudrerie.

Un peu plus tard, une forte colonne d'infanterie se dirige sur Choisy-le-Roi par la route de Bonneuil, et un convoi de 72 voitures vient de Gonesse et passe par Villiers-le-Bel ; le convoi est précédé par un escadron de cavalerie.

Dans la journée, quelques hommes de la compagnie Saint-Moulin ont eu, aux environs de Bondy, un engagement avec l'ennemi, mais de peu de durée et sans que l'attaque des Prussiens ait pris d'autres proportions. Le capitaine Saint-Moulin a eu cependant trois de ses hommes tués et cinq blessés. Lui-même se vit un instant cerné dans une maison en avant de Bondy ; mais il parvint à s'échapper heureusement à travers les balles prussiennes.

**

Certains quartiers de Paris ont en ce moment une physionomie originale.

Un monde militaire vit sous les arches du pont d'Auteuil.

Rien de curieux comme ce camp de moblots.

A l'abri de toute atteinte des projectiles ennemis, à l'abri du vent d'ouest qui soufflait hier jusqu'en tempête en soulevant d'au moins trente ou quarante centimètres les flots de la Seine, les mobiles font gravement leur cuisine, lavent leur linge, recousent leurs effets, astiquent leurs fusils.

Ce soir, les Prussiens ont attaqué nos travaux de défense entre la maison Millaud et le moulin de Cachan. Il était environ neuf heures et demie : tout était silencieux dans la campagne ; tout à coup une vive fusillade est dirigée sur nos extrêmes avant-postes.

Le moulin de Cachan est défendu par les mobiles du Puy-de-Dôme, arrivés du matin même.

C'est leur première nuit d'avant-poste : n'importe, à la fusillade prussienne répond une vive fusillade des nôtres.

Rien n'est sinistre comme un combat de nuit : toutes les horreurs d'une bataille en plein jour sont décuplées par les épouvantables appréhensions de la lutte nocturne. C'est une rude épreuve pour nos mobiles du Puy-de-Dôme, qui voient le feu pour la première fois. Mais, grâce à leur bravoure et surtout à leur sang-froid, ils en sortiront vainqueurs.

En effet, la voix du canon se fait entendre : c'est le fort de Montrouge, c'est Bicêtre qui, ayant pointé leurs pièces pendant le jour, écrasent de leurs coups successifs les positions de l'ennemi, afin qu'elles ne puissent soutenir l'attaque.

A dix heures et demie, la fusillade prussienne était devenue intermittente, et bientôt elle cesse tout à coup : l'ennemi s'était retiré du côté du parc de M. Raspail.

A onze heures, calme complet, et cependant ce n'était pas fini ; vers deux heures, nouvelle fusillade. Les Prussiens faisaient de nouveaux efforts pour reprendre les travaux de la maison Millaud.

Reçus par une vigoureuse riposte des mobiles bretons, ils sont bientôt mis en déroute, et ils se retirent dans leurs retranchements, après avoir, comme à l'ordinaire, enlevé leurs blessés et leurs morts.

Les troupes qui ont repoussé cette nuit l'attaque de l'ennemi sont les mobiles de l'Ain, du Finistère et du Puy-de-Dôme, le 35° de ligne placé en réserve et le 2° régiment d'infanterie de marine.

Trente-troisième journée de siége.

Vendredi, 21 octobre 1870.

Nous sommes aujourd'hui parfaitement habitués à la canonnade des forts ; je constate donc, ce matin, uniquement pour mémoire, la musique monotone dont ils nous ont gratifiés cette nuit.

J'apprends à l'instant que cette canonnade était le prélude d'une affaire importante dont voici le rapport :

RAPPORT MILITAIRE

« 21 octobre 1870, 4 h. soir.

» Monsieur le gouverneur.

» La sortie ordonnée par vous en avant de nos lignes s'est exécutée aujourd'hui, conformément au programme que j'avais eu l'honneur de vous soumettre.

» Les troupes d'attaques étaient formées en trois groupes :

» 1er *groupe.* Général Berthaut, 3,400 hommes d'infanterie, 20 bouches à feu, 1 escadron de cavalerie : destiné à opérer entre le chemin de Saint-Germain et la partie supérieure du village de Rueil.

» 2° *groupe.* Général Noël. 1,350 hommes d'infanterie, 10 bouches à feu : destiné à opérer sur la côte sud du parc de la Malmaison, et dans le ravin qui descend à l'étang de Saint-Cucufa à Bougival.

» 3° *groupe.* Colonel Cholleton. 1,600 hommes d'infanterie, 18 bouches à feu, 1 escadron de cavalerie : destiné à prendre position en avant de l'ancien moulin au-dessus de Rueil, à relier et à soutenir la colonne de droite et la colonne de gauche.

» En outre, deux fortes réserves étaient disposées, l'une à

gauche , sous les ordres du général Martenot, composée de 2,600 hommes d'infanterie, 18 bouches à feu ; l'autre au centre, commandée par le général Paturel, composée de 2,000 hommes d'infanterie , de 28 bouches à feu et de 2 escadrons de cavalerie.

» A une heure, tout le monde était en position, et l'artillerie ouvrait son feu sur toute la ligne , formant un vaste demi-cercle, de la station de Rueil à la ferme de la Fouilleuse ; elle concentrait son feu pendant trois-quarts d'heure sur Buzenval, la Malmaison , la Jonchère et Bougival. Pendant ce temps, nos tirailleurs et nos têtes de colonne s'approchaient des objectifs à atteindre, c'est-à-dire la Malmaison pour les colonnes Berthaut et Noël, Buzenval pour la colonne Cholleton.

» A un signal convenu, l'artillerie a cessé instantanément son feu, et nos troupes se sont élancées avec un admirable entrain sur les objectifs assignés; elles sont arrivées promptement au ravin qui descend de l'étang de Saint-Cucufa au chemin de fer américain , en contournant la Malmaison. La gauche du général Noël a dépassé ce ravin et a gravi les pentes qui montent à la Jonchère ; mais elle s'est trouvée bientôt arrêtée sous un feu violent de mousqueterie partant des bois et des maisons où l'ennemi était resté embusqué malgré le feu de notre artillerie.

» En même temps, quatre compagnies de zouaves, sous les ordres du commandant Jacquot, se trouvaient acculées dans l'angle que forme le parc de la Malmaison , au-dessous de la Jonchère, et auraient pu être compromises sans l'énergique intervention du bataillon de Seine-et-Marne, qui est arrivé fort à propos pour les dégager. Ce bataillon s'est porté résolûment sur les pentes qui dominent Saint-Cucufa, sa droite appuyée au parc de la Malmaison; il a ouvert un feu très-vif sur l'ennemi, qu'il a forcé de reculer, et a permis aux quatre compagnies de zouaves d'entrer dans le parc.

» Dès le commencement de l'action , quatre mitrailleuses, sous les ordres du capitaine de Grandchamp, et la batterie de 4 du capitaine Nismes, le tout sous la direction du commandant

Mirabel, s'étaient portées avec une remarquable audace, très en avant, pour soutenir l'action de l'infanterie. Ses positions étaient d'ailleurs très-bien choisies et les résultats obtenus ont été très-satisfaisants.

» En même temps les francs-tireurs de la 2e division, commandés par le capitaine Faure-Biguet (colonne Cholleton), se précipitaient sur Buzenval, y entraient, et se dirigeaient sous le bord du ravin de Saint-Cucufa.

» Vers cinq heures, la nuit arrive, et le feu ayant cessé partout, j'ai prescrit aux troupes de rentrer dans leurs cantonnements respectifs.

» Nous avions eu devant nous, pendant le combat, la 9e division du 5e corps, une fraction du 4e corps et un régiment de la garde. Ces troupes ne nous ont opposé qu'une force d'artillerie inférieure à la nôtre.

» En résumé, le but a été atteint, c'est-à-dire que nous avons enlevé les premières positions de l'ennemi, que nous l'avons forcé à faire entrer en ligne des forces considérables qui, exposées pendant presque toute l'action au feu formidable de notre artillerie, ont dû éprouver de grandes pertes ; le fait est d'ailleurs constaté par les récits de quelques prisonniers que nous avons pu ramener.

» Mais, ce que je me plais surtout à reconnaître avec un sentiment de grande satisfaction, c'est l'excellente attitude de nos troupes : zouaves, garde mobile, infanterie de ligne, tirailleurs Dumas, francs-tireurs des Ternes, francs-tireurs de la ville de Paris, tout le monde a fait son devoir.

» Les batteries du commandant Mirabel ont poussé l'audace jusqu'à la témérité, ce qui a amené un incident fâcheux : la batterie de 4 du capitaine Nismes a été surprise tout à coup près de la porte de Longboyau par une vive fusillade, qui, presque à bout portant, a tué le capitaine commandant la compagnie de soutien, 10 canonniers et 15 chevaux ; il en est résulté un instant de désordre, pendant lequel deux pièces de 4 sont tombées entre les mains de l'ennemi.

» Je dois ajouter que, pendant l'opération principale, la colonne Martelot faisait une utile diversion à notre gauche; un bataillon s'installait à la ferme de la Fouilleuse, et ses tirailleurs poussaient jusqu'aux crêtes, occupant même, pendant un instant, la redoute de Montretout et les hauteurs de Garges.

» A droite, le régiment des dragons, appuyé d'une batterie à cheval, se portait dans la direction de la Seine entre Argenteuil et Bezons, et canonnait quelques postes ennemis; la droite de cette colonne de cavalerie se reliait avec les troupes du général de Bellemare, qui était venu prendre position derrière Colombes.

» En terminant, je dois mentionner particulièrement les éclaireurs Franchetti, qui avaient été placés dans ces différentes colonnes, et qui, comme toujours, se sont montrés aussi dévoués qu'intelligents et intrépides.

» Général A. DUCROT. »

Trente-quatrième journée de siége.

. Samedi, 22 octobre 1870. .

Nuit sinistre... dont nos canons semblent avoir voulu respecter les mystères; de chaque côté, chacun relevait ses blessés et enterrait ses morts.

Voici l'état général de nos pertes pour la journée d'hier. Elles consistent en officiers : 2 tués, 15 blessés, 11 disparus. Troupe : 32 tués, 230 blessés et 153 disparus. Total : 443.

Les pertes éprouvées par les Prussiens sont considérables. Près de douze cents morts ont été relevés dans le seul parc de la Jonchère.

* *

On m'a assuré que, la semaine dernière, le docteur Nélaton n'a pas voulu se rendre à Versailles où il avait été mandé. Or, en cela il n'a fait qu'imiter la conduite d'un ancien médecin de Grèce, appelé auprès du roi de Perse qui combattait son pays :

— Mon art est à mes concitoyèns, répondit Hippocrate au monarque asiatique; il n'est pas au service des ennemis de ma patrie.

* *

Le gouvernement reçoit à l'instant une dépêche de Tours :
« La résistance de Paris remplit la France et le monde entier » d'admiration. Que Paris tienne bon, et le pays sera sauvé. »

* *

Les abris-casernes en planches, installés sur l'avenue de l'Observatoire, sont terminés et vont recevoir deux bataillons de mobiles.

Je tiens d'un prisonnier qui a pu s'échapper des lignes prussiennes, des renseignements fort précieux sur Versailles et ses environs.

Le prisonnier en question a suivi l'itinéraire suivant : Rueil, la Malmaison, le bois de la Jonchère, retour sur la route de Rueil par Bois-Préau, le quai et la grand'rue de Bougival, la Celle-Saint-Cloud, Versailles.

C'était peu après l'action d'avant-hier.

A Bougival sur le bord de l'eau, deux maisons brûlaient. Les Prussiens essayaient en vain d'éteindre l'incendie allumé par les obus du Mont-Valérien.

L'entrée de la grand'rue de Bougival est barricadée.

Tout le long du chemin, des postes prussiens de 200 hommes environ sont échelonnés.

Dans une maison de la Celle-Saint-Cloud est installé un bureau télégraphique. L'inscription est en allemand sur la porte d'entrée :

Telegraphisches-Bureau.

Plus loin :

Post-Amt.

Bureau de poste.

Peu de changement, à Versailles. On dirait que rien d'anormal ne s'y passe. Le château est fermé. Il n'y a pas là de casernes comme on l'avait dit. Les restaurants sont tous ouverts. Les habitants vont et viennent. Les vivres sont abondants et à bon marché. Seul le sucre commence à manquer.

Le roi Guillaume loge à la préfecture ; Bismarck et le prince Charles sont à l'hôtel.

Les troupes ne sont pas bien nombreuses à Versailles. En revanche, il paraît que de grandes forces se tiennent à Vaucresson et à Ville-d'Avray.

Depuis qu'on rationne les Parisiens, les *queues* sont devenues de plus en plus tumultueuses à la porte des bouchers ; il est, de plus, nécessaire de s'y rendre avant le lever du soleil ou même dès le milieu de la nuit, pour obtenir la *ration* à laquelle la carte délivrée au chef de famille semble donner droit.

A certaines boucheries, des mégères, l'œil en feu, l'injure à la bouche, se font une bonne place dans la foule à la force du poignet, et imposent silence par leurs invectives, au besoin par leurs coups de griffes, aux réclamantes plus timides et plus faibles. Ailleurs enfin ce sont des hommes qui abusent de leur force pour voler à de pauvres femmes la place qu'elles ont obtenue par une longue faction nocturne.

*
* *

Le roi de Prusse, vendredi dernier, pendant l'engagement, a quitté précipitamment Versailles, et s'est rendu à Saint-Germain. On craignait, à Versailles, que nos troupes ne pénétrassent jusque-là.

*
* *

On commence à se préoccuper des chances d'un bombardement.

Prenant les forts du Mont-Valérien, de la Double-Couronne, de Saint-Denis, de Vincennes et d'Ivry, le point de centre se trouvera à la place du Nouvel-Opéra.

Du centre de cette place, sur l'axe du boulevard des Capucines, il y a, jusqu'aux forts du Mont-Valérien, d'Ivry, 8 kil. 500 ; au fort de Vincennes, 8 kil. 100 ; au fort de la Briche, 8 kil. 400 ; aux forts de l'Est, d'Aubervilliers et de Romainville, de Montrouge, de Bicêtre et de Vanves, 7 kil. et 7 kil. 300 ; au fort de Noisy, 8 kil. 800 ; au fort de Rosny, 10 kil. 200 ; au fort de Nogent, 11 kil. ; au fort de Charenton, 9 kil. 600 ; au fort d'Issy, 7 kil. 400.

En supposant des batteries élevées par l'ennemi sur les coteaux environnant Paris, les projectiles des pièces prussiennes devraient parcourir les distances suivantes :

De la lanterne de Démosthènes à l'Ecole militaire et au Trocadéro, 7 kilomètres ; du plateau de Clamart à l'Ecole militaire, 6 kil. 300, et à la place de l'Opéra, 9 kil. 200 ; de Chevilly au fort de Bicêtre, 3 kil. 400, et au mur d'enceinte, 5 kil. 200 ; du plateau du Raincy au fort de Rosny, 4 kil., et au mur d'enceinte, 7 kil. 500 ; de la butte Pinson à la Double-Couronne et à la Briche, 3 kil. 200, et au mur de Paris, 8 kil. 500 ; du moulin d'Orgemont à la redoute de Gennevilliers, 3 kil., et au mur de Paris, 7 kil. 800.

Trente-cinquième journée de siége.

Dimanche, 23 octobre 1870.

Le canon du fort de Charenton a tiré sur une troupe d'infanterie forte de 200 hommes environ, qui se rendait à Choisy par la route du carrefour de Pompadour, et a jeté le trouble dans ses rangs.

Un convoi prussien composé d'une trentaine de voitures est signalé vers deux heures. Il se dirige de Chevilly vers Sceaux. On le distingue à l'œil nu.

Au moment où il franchit une clairière aux pieds du hameau de Fresnes, un obus est lancé, par une pièce de marine, à la distance de 6,500 mètres. Ce coup ayant porté un peu haut, un second est envoyé, et cette fois on peut voir le convoi se débander.

Des tourbillons de fumée noire s'aperçoivent en arrière des bâtiments de l'hospice de Bicêtre.

Ce sont des fumiers auxquels on a mis le feu, et non, comme des alarmistes l'ont dit, un incendie de pétrole.

*
* *

Le général Blanchard et son état-major visitent les postes avancés.

Au moment où les portes de Paris se ferment, Montrouge ouvre sur l'Hay un feu assez suivi.

*
* *

Nos canonniers du Mont-Valérien se défendent énergiquement d'avoir mis le feu au château de Saint-Cloud. Suivant eux, il est complétement impossible d'incendier un bâtiment aussi considérable par accident. *Il faut le vouloir*. Or, comme ils n'avaient reçu aucun ordre à cet égard, ils soutiennent que l'incendie n'a pas été allumé par leur fait.

*
* *

Les Prussiens ont mis en réquisition les imprimeurs de Versailles et de Saint-Germain, pour publier un journal français qui, répandu à profusion en province, donne quotidiennement, sur l'état de la capitale, les informations les plus mensongères.

*
* *

Le P. Taillan de la Compagnie de Jésus, aumônier du 7e bataillon de la mobile de Paris, a été blessé à la tête par une balle, au combat de Buzenval. Heureusement la blessure n'a pas de gravité.

*
* *

M. Camille Corot, notre célèbre paysagiste, vient de verser une somme assez ronde entre les mains du maire de son arrondissement. Ce don était accompagné des lignes suivantes :

« Je consacre cet argent à la confection des canons nécessaires pour chasser les Prussiens des bois de Ville-d'Avray. »

On sait que les plus charmantes toiles de cet artiste reproduisent les délicieux ombrages de cette localité, où il possède une maison de campagne probablement dévastée aujourd'hui.

M. Paul Bréban, restaurateur bien connu, vient de payer 320 francs 10 kilog. de beurre frais, soit 32 francs le kilogr.

* *

Comme Bismarck a dit qu'il comptait sur *la populace* pour prendre Paris, M. de Lapommeraye, ouvrant une souscription à *cinq centimes*, va faire fondre un canon qui sera baptisé : *la Populace*, et qui, bien pointé, jettera quelque désarroi dans les rangs ennemis.

* *

En cherchant à pénétrer l'avenir, les uns regardent du côté de Lyon, d'autres pensent à la Loire ou à Metz.

Un amiral — qui est, en même temps qu'un brave soldat, un homme de beaucoup d'esprit — disait hier, à la table d'officiers qu'il préside à son secteur :

— C'est par Metz qu'il faudra tenter de débusquer les Prussiens, parce que le meilleur moyen de faire retourner un chien est de lui marcher sur la queue.

* *

Encore un à propos de la viande de cheval :

Baptiste, ouvrant les portes de la salle à manger :

— Madame est.... attelée.

* *

Après le dîner :

— Comme vous êtes pâle, mon cher X...!

— En effet.... (se frottant l'estomac) je me croyais meilleur « cavalier. »

Trente-sixième journée de siége.

Lundi, 24 octobre 1870.

Nuit tranquille — pour moi, du moins, qui n'ai fait qu'un somme : si le canon a fait des siennes, je l'apprendrai dans la journée, et je le consignerai dans mon journal.

* *

Dans la matinée, la Faisanderie a tiré quelques obus rayés

sur Champigny, où il s'est produit un mouvement de troupes ennemies plus considérable qu'à l'ordinaire.

Quand on a annoncé que Paris était approvisionné pour deux mois, on a voulu dire que, pendant deux mois, aucune privation ne serait imposée aux habitants.

L'état de choses paraissant, par des causes indépendantes de la volonté des membres du gouvernement, devoir se prolonger plus longtemps, il n'en faut pas induire que nous mourrons de faim.

En se privant un peu, sans cependant que la santé des Parisiens en souffre, MM. les Prussiens pourraient rester trois mois autour de Paris, et encore, après ce laps de temps, la famine ne pourrait nous atteindre.

Trente-septième journée de siége.

Mardi, 25 octobre 1870.

Cette nuit, à minuit, la sentinelle, placée à la bifurcation des routes de Pierrefitte et de Villetaneuse, a été attaquée. Sur son appel, le sergent Atgier de la 1re compagnie du 17e bataillon de la mobile, chef de poste, a fait prendre les armes. Une quinzaine de coups de feu ont mis en fuite les Prussiens.

Deux heures après, une batterie prussienne, placée au château de Stains et à la fabrique, envoyait deux obus sur la Double-Couronne, sans produire d'ailleurs aucun effet.

Aux avant-postes, vers quatre heures et demie, au moment où il faisait à peine jour, deux uhlans ont défilé, de toute la vitesse de leurs chevaux, devant la ligne de tir du fort de la Courneuve. On a dédaigné de tirer sur eux, pour ne pas donner, à cette heure, une trop grande importance à l'apparition de ces cavaliers.

Le village de Pierrefitte est toujours occupé par les avant-postes ennemis. Ces derniers ont continué à s'y barricader et semblent avoir construit des ouvrages assez importants.

Le sergent Hoff a tué hier son vingt-troisième Prussien dans des circonstances qui indiquent un rare sang-froid.

Hoff appartient au 13e corps d'armée ; il fait partie de la division du général d'Exéa et est campé en avant de Vincennes. Après avoir observé longuement une vedette ennemie, il a passé la Seine à la nage, s'est précipité sur elle le sabre à la main et lui a fendu la tête. Après avoir pris ses armes, il a repassé le fleuve. Un poste prussien a fait feu sur lui, mais il est sorti sain et sauf de cette nouvelle aventure.

La compagnie des agents de change vient de faire remettre entre les mains de M. le gouverneur de Paris la somme de 30,000 francs, représentant le prix d'une batterie de canons.

Les sapeurs-pompiers du 39e bataillon (Boulogne-sur-Seine) ont souscrit pour la somme de 300 francs pour l'achat de canons.

L'effectif de la compagnie est de 70 hommes.

Depuis le siége, il a été décidé que les lundis, mardis et vendredis aurait lieu, de huit heures à onze heures, sur le boulevard d'Enfer, la vente des chevaux destinés à la boucherie.

Un cheval de moyenne grosseur pèse quatre cents à quatre cent cinquante kilogrammes, vivant, et se paye de quarante à cinquante centimes le kilogramme.

Depuis la disparition des bœufs, un bon cheval ce n'est plus celui qui a bon pied et bon œil, ou de belles et de bonnes allures, mais celui qui a le plus de graisse sur les os.

On y vend aussi les ânes et les mulets qui sont très-recherchés ; l'*ânon*, que les marchands appellent *du veau* (à cause de la ressemblance de sa chair avec celle de ce dernier animal), vaut soixante-quinze centimes le kilogramme, vivant.

Trente-huitième journée de siége.

Mercredi, 26 octobre 1870.

Tempête suivie d'un brouillard épais pendant la nuit, d'où il a résulté un calme complet. Ce matin., la pluie tombe à torrents.

A part quelques coups de canon tirés de loin en loin des forts d'Issy et de Vanves sur les ouvrages de l'ennemi, sans que celui-ci y réponde, il n'y a rien eu de nouveau dans la journée.

Les canonniers de la redoute des Hautes-Bruyères, si voisins des Prussiens et d'ordinaire si occupés, n'ont eu dans la journée qu'à protéger quelques-uns de leurs envoyés à la récolte des pommes de terre.

A Noisy, quartier général du contre-amiral Saisset, continuation des travaux, que n'interrompt pas même la pluie.

A Rosny, où le génie, sous les ordres du commandant Bénézeck, les marins, du commandant Mallet, ont exécuté des travaux de défense gigantesques, quelques coups de canon ont été tirés, vers le soir, sur des Prussiens qui s'étaient montrés à une certaine distance.

Calme complet du côté du fort de Montrouge jusqu'à quatre heures et demie du soir, où, pendant l'éclaircie qui s'est produite en ce moment, les lunettes de nos officiers de marine leur ont fait apercevoir que les Prussiens avaient mis à profit l'obscurité de la nuit dernière. A cinq heures, quelques coups de canon, admirablement pointés, leur disaient suffisamment qu'ils avaient cette fois encore travaillé pour le roi de Prusse.

*
* *

M. de Flavigny s'est rendu à Versailles au camp prussien. Il était porteur de la moitié de la somme de cinq cent mille francs donnée par l'Angleterre aux blessés des deux armées, ainsi que d'une quantité considérable de linge et de charpie, de même provenance. Le prince royal lui a manifesté la plus vive admiration pour la résistance héroïque de Paris, et lui a formellement déclaré que la Prusse entendait ne pas se déshonorer par le bombardement de cette « incomparable ville. »

Il a seulement ajouté que la Prusse était forcée, par l'inexorable nécessité de sa situation politique et militaire, de s'emparer de Paris et de ne signer la paix qu'aux Tuileries.

*
* *

A mesure que les Prussiens évacuent de gré ou de force les
villages des environs de Paris, ces localités sont mises en coupe
réglée par des maraudeurs qui s'introduisent dans les maisons
et prennent ce que les propriétaires ont pu y laisser.

*
* *

On a assigné différents postes aux sapeurs-pompiers de Chaville, Sèvres et Meudon, qui ont pu se réfugier dans Paris.

Ceux de Chaville montent la garde au Luxembourg et à
l'Ecole des mines; ceux de Sèvres au ministère de guerre, au
dépôt des petites voitures, boulevard Montparnasse, et à l'établissement Belloir, où est établie une ambulance; enfin, les
pompiers de Meudon sont cantonnés à Grenelle.

*
* *

Les artilleurs de la Seine qui font actuellement le service
des remparts, vont être envoyés dans les forts.

Ils forment dix compagnies, chacune de trois cents hommes
aujourd'hui parfaitement exercés. Beaucoup d'entre eux ont
servi dans l'artillerie.

*
* *

L'usine Broquin et Lainé a livré hier au ministère de la
guerre cinquante mortiers en cuivre.

*
* *

On sait que depuis deux mois les théâtres sont fermés.

La Comédie-Française rouvrait dans la journée bien timidement encore; elle ne faisait guère qu'entrebâiller sa porte;
mais le mouvement est donné, il se poursuivra. Le succès d'aujourd'hui encouragera le théâtre à recommencer cette épreuve;
dans le jour d'abord, puis bravement le soir.

X..., connu pour sa gourmandise, après un dîner historique, se sent pris de coliques atroces. Vite est mandé un médecin en toute hâte.

— Vous avez mangé du chat, dit celui-ci.

— Oui, docteur, et du rat aussi.

— Plus de doute, dit le prince de la science, le chat court après le rat ; mangez vite du chien, de manière à ce que le rat étant absorbé par le chat, le chat soit à son tour dévoré par le chien.

Trente-neuvième journée de siége.

Jeudi, 27 octobre 1870.

Rien d'extraordinaire ne s'est manifesté pendant la nuit.

La porte de Charenton était fort encombrée à sept heures du matin par toute une population d'Américains, d'Anglais et de Russes qui jugeaient que le séjour de Paris n'était plus tenable ; il paraît que M. de Bismarck consent à les laisser partir.

***

Sur les dix heures, d'après l'ordre du contre-amiral Saisset, douze coups ont été successivement tirés du fort de Noisy sur les ouvrages que les Prussiens essayent d'établir en avant de la forêt de Bondy : les projectiles, tous bien envoyés, ont interrompu les travaux de l'ennemi.

Malgré la tempête qui a régné toute la journée, les troupes campées en avant du fort de Romainville travaillaient, sous une pluie battante, aux ouvrages de défense entrepris en cet endroit depuis plusieurs jours ; ils me paraissent presque entièrement terminés.

D'après des renseignements certains sur les travaux de l'ennemi, le Mont-Valérien, la batterie Mortemart, les bastions 63 et 64 de l'enceinte ont, dans l'après-midi, couvert de feu Brimborion et l'orangerie de Saint-Cloud. Sur ce dernier point, des soldats, en grand nombre, ont pris la fuite en tous sens.

Les forts d'Issy et de Vanves ont, de leur côté, tiré sur des travailleurs ennemis vers la tour des Anglais et le moulin de Châtillon, et les ont forcés à abandonner la place.

Du côté de Clamart, la journée a été consacrée à l'enlèvement des récoltes qui restaient encore dans la plaine ; c'est le dernier délai accordé par le général Trochu. Quatre cents habitants de la localité ont travaillé jusqu'à la nuit, sous la protection des mobiles et de la garde nationale. Ils ont ramené à Paris quatre-vingts voitures pesamment chargées.

A cinq heures, l'ordre a été donné de ne plus laisser entrer ni sortir.

* *

Les canons Krupp sont arrivés ; les étrangers s'en vont ; le bombardement va commencer.

Tant mieux !

Paris est las d'attendre ; la population, qui ne demande qu'à combattre, se lèvera tout entière aux éclats des bombes prussiennes. Avec ses murailles hérissées de canons, avec sa vaillante population armée et résolue, Paris se rit du danger.

* *

Des échafaudages sont commencés autour des piédestaux des chevaux de Marly, aux Champs-Elysées. On va, au moyen de forts madriers, entourer d'une sorte de blindage en sacs de terre amoncelés ces deux chefs-d'œuvre de sculpture, seuls vestiges qui restent encore du château du grand roi à Marly.

* *

Tous les employés de la Compagnie d'Orléans ont été armés hier de fusils à tir rapide, chassepots et tabatières.

Ce sont eux qui seront chargés de la défense des premiers trains qui partiront de Paris. Ces trains seront armés de mitrailleuses placées à la tête, au milieu et à la queue du convoi, dans les wagons blindés fabriqués par l'usine Cail.

Le magasin de nouveautés, *le Bon Marché*, fait don d'une pièce d'artillerie qui prendra le nom de : LE BON MARCHÉ, *donné au gouvernement de la Défense nationale, par M. A. Boucicault et ses employés.*

Un détail curieux de la visite faite par le général Trochu à l'ambulance du palais de l'industrie :

— Pour combien de temps pensez-vous en avoir encore avant de recommencer? demande le général à un sergent à la figure martiale.

— Pour un mois encore, mon général.

— C'est trop long, lui répondit le général en souriant; dans un mois, nous n'aurons plus besoin de vous.

*
* *

La deuxième compagnie du 7ᵉ bataillon de la garde nationale vient de faire placer devant le monument de Strasbourg un groupe destiné à honorer la courageuse résistance de la capitale de l'Alsace.

Ce monument, dû au ciseau d'un sculpteur de talent, M. Gustave Deloye, est des plus remarquables.

*
* *

Aujourd'hui à la halle, 1,000 kilog. de beurre salé ont été vendus 38,000 fr., soit 38 fr. le kilogramme.

Quarantième journée de siége.

Vendredi, 28 octobre 1870.

Ce matin, un pigeon appartenant à l'équipage du ballon *le Victor-Hugo*, monté par M. Nadar, est revenu : il avait sous l'aile, ingénieusement fixée à une des grosses plumes , une dépêche photographiée de la dimension d'un timbre-poste, roulée dans un cure-dents.

*
* *

Aujourd'hui, il y avait foule sur la place du Panthéon. Le maire du 5ᵉ arrondissement avait fait un appel à tous ses concitoyens pour les enrôlements volontaires de la garde nationale.

Une sorte de tente énorme était dressée devant le monument faisant face à la rue Soufflot. Cette tente restera ouverte tous les jours de midi à quatre heures; c'est là qu'on s'inscrit.

Au sommet de la tente, flotte un drapeau noir sur lequel sont inscrits ces trois noms : *Strasbourg*, *Toul*, *Châteaudun*.

Au-dessous, une large banderolle qui porte ces mots :

« Citoyens, la patrie est en danger. Enrôlements volontaires » de la garde nationale. »

Le maire du 8ᵉ arrondissement, M. Carnot, vient d'organiser sur six points de son territoire des bureaux ouverts sur des places publiques, pour recevoir les offrandes nationales pour la confection des canons.

On a affiché ce soir, dans Paris, le rapport militaire suivant :

« Saint-Denis, 28 octobre 1870.

« Monsieur le gouverneur,

» J'ai l'honneur de vous adresser le rapport sur l'occupation du Bourget, exécutée aujourd'hui par une partie des troupes sous mon commandement.

» Voulant utiliser le corps des francs-tireurs de la presse, dont le service était devenu inutile à la Courneuve, par suite des progrès de l'inondation du Crould, j'ordonnai, hier soir, au commandant des francs-tireurs, de faire, sur les avant-postes ennemis établis au Bourget, une attaque de nuit; je lui en indiquai les principales dispositions, et je fis prévenir les grand'-gardes établies en avant du fort d'Aubervilliers et de la Couronne de prendre les armes, à trois heures du matin, pour soutenir et appuyer le mouvement.

» A l'heure prescrite, il fut exécuté avec autant de vigueur que de précision par les francs-tireurs sous les ordres du commandant Rolland. Sans tirer un coup de fusil, ils abordèrent les postes prussiens qui fuyèrent en désordre, abandonnant la plupart de leurs sacs et de leurs casques. Ils continuèrent à s'avancer dans le village, repoussant l'ennemi de maison en maison jusqu'à l'église, où ce dernier était établi plus solidement.

» C'est alors que je les fis soutenir par une partie du 34ᵉ de marche et le 14ᵉ bataillon de la mobile de la Seine; j'y envoyai

en même temps le colonel Lavoignet, commandant la première
brigade, pour prendre le commandement, avec ordre de s'emparer du village et de s'y établir solidement. Je faisais appuyer
l'infanterie par une section de pièces de quatre et une mitrailleuse, et j'établissais 2 pièces de douze en avant de la Courneuve,
pour prendre l'ennemi en flanc.

» A 11 heures, je me transportai de ma personne au Bourget,
et j'y arrivai au moment où nous en étions complétement
maîtres ; je m'étais fait suivre d'une forte réserve, composée du
16e bataillon de la mobile de la Seine et d'un demi-bataillon du
28e de marche.

» Vers midi, l'ennemi démasqua deux batteries de position
au pont Iblon , et fit avancer deux batteries de campagne sur
la route de Dugny au Bourget, qui ne cessèrent, sauf à de rares
intervalles, jusqu'à près de cinq heures, de tirer sur le village,
dont ils incendièrent quelques maisons.

» Je fis retirer mon artillerie, qui ne pouvait lutter avec celle
de l'ennemi, trop supérieure en nombre. Nos troupes restèrent
dans leurs positions, quoique recevant pour la première fois ce
feu formidable, et je n'ai eu qu'à me louer de leur sang-froid
et de leur énergie.

» Pendant ce temps, les sapeurs du génie faisaient les communications, crénelaient les maisons et rétablissaient les barricades.

» Vers six heures, j'ai fait relever, par des troupes fraîches,
celles engagées depuis le matin , afin de les faire reposer et
manger la soupe. On travaillera toute la nuit pour rendre la
position aussi défensive que possible.

» La prise du Bourget, audacieusement attaquée, vigoureusement soutenue, malgré la nombreuse artillerie de l'ennemi, est
une opération peu importante en elle-même ; mais elle donne la
preuve que, même sans artillerie , nos jeunes troupes peuvent
et doivent rester sous le feu plus terrifiant que véritablement
meurtrier de l'ennemi.

» Elle élargit le cercle de notre occupation au delà des forts, donne la confiance à nos soldats, et augmente les ressources en légumes pour la population parisienne.

» Nos pertes, que je ne connais pas encore exactement, sont minimes (tout au plus une vingtaine de blessés et quatre ou cinq tués). Nous avons fait quelques prisonniers.

» Quand j'aurai reçu les rapports des chefs de corps et que je les aurai vérifiés avec soin, j'aurai l'honneur de vous envoyer les noms des officiers et soldats qui se sont particulièrement distingués.

» Veuillez agréer, etc.

> *Le général commandant supérieur,* »

» DE BELLEMARE. »

Quarante et unième journée de siége.

Samedi, 29 octobre 1870.

Comme on devait s'y attendre, les Prussiens ont essayé cette nuit de reprendre le Bourget, et ont mis en position une formidable artillerie, qui a couvert le village de boulets et d'obus.

Le Bourget était défendu par le 14e bataillon de mobiles, près de 8,000 hommes de ligne, des éclaireurs Lafon et des francs-tireurs de la presse, qui ont répondu par une violente fusillade. Quelques volées de mitrailleuses ont obligé l'ennemi à se retirer après un combat des plus vifs.

Les blessés prisonniers ont déclaré que nous avions eu devant nous, dans la journée d'hier, 2 régiments de la garde et 4 batteries d'artillerie.

Au moment où j'écris ces lignes, mon bataillon reçoit l'ordre de se préparer à aller renforcer ce soir les troupes qui campent au Bourget.

La rue du Cardinal-Fesch portera désormais le nom de

l'héroïque cité de Châteaudun, bombardée et saccagée par les Prussiens.

.

On me communique les détails suivants sur les nouveaux habitants de Versailles.

Le roi demeure à la préfecture; le jeudi et le samedi, Guillaume part ordinairement pour la chasse; il se sert d'un bréack vert attelé de quatre chevaux. Un peloton de dragons galope à 200 mètres en avant, en éclaireurs. Le soir, le gibier tué est distribué aux troupes de garde, sauf la partie réservée à la table royale.

M. de Bismarck loge impasse Monbauron et se montre très-peu.

Dès cinq heures du matin, une lumière, que l'on aperçoit de loin, indique que le ministre est au travail; c'est à cette heure également que l'on voit des ombres se glisser le long des murs et sonner discrètement d'une façon toute particulière à l'hôtel : ce sont les espions qui arrivent de Paris avec les rapports et les journaux.

Quarante-deuxième journée de siége.

Dimanche, 30 octobre 1870.

Dans la nuit, suivant l'ordre qui lui avait été donné, mon bataillon s'était rendu au Bourget : l'enthousiasme des mobiles qui avaient délogé les Prussiens était indescriptible.

— Nous n'avons pas besoin de vous, nous disaient-ils, et vous arrivez après la besogne faite....

La violente canonnade que l'ennemi dirigeait sur les murs crénelés des maisons semblait cependant prouver qu'il y avait encore quelque chose à faire. En effet, ce matin, de bonne heure, des masses d'infanterie appuyées par une nombreuse artillerie commencèrent un mouvement en avant. A partir de ce moment, les vainqueurs de la veille comprirent que *plus on est de fous plus on rit.*

A deux heures cependant, les figures devenaient sérieuses : la canonnade des Prussiens continuait avec acharnement, et nous pouvions constater qu'outre la division qui se présentait de front, d'autres colonnes venant de Dugny et de Blanc-Mesnil s'avançaient pour tourner notre position ; à ce moment critique, les canons de la Double-Couronne et de l'Est envoyèrent sur l'ennemi des boulets qui, à plusieurs reprises, rompirent ses lignes. De notre côté, nous avions commencé une fusillade bien nourrie, et dont l'effet devait être désastreux pour les Prussiens, qui, soutenus par leur artillerie, et nous voyant à l'abri derrière les crénaux, avançaient résolûment l'arme au bras ; mais que pouvions-nous faire sans canons en face d'un ennemi vingt fois plus nombreux dont l'artillerie battait en brèche les pauvres murailles qui, jusqu'à ce moment, nous avaient protégés : nous pouvions mourir, non vaincus, mais accablés. Alors eut lieu une lutte terrible : le commandant Bachelery a su admirablement conduire la légion des francs-tireurs de la Presse : ceux-là se sont défendus avec rage, et sont morts en poussant le cri de « *Vive la France.* »

Sur 380, cent vingt à peine sont revenus.

Le 12e et le 14e mobiles se sont également couverts de gloire Ces braves enfants, au milieu desquels les balles prussiennes faisaient des trouées profondes, ne reculaient pas d'une semelle, ils restaient là calmes, impassibles, chargeant tranquillement leurs chassepots et tirant crânement sur les masses prussiennes dont l'infanterie avait ouvert le feu. Je le répète encore, il était impossible de résister au nombre et à cette terrible artillerie : la nôtre ne répondait pas. Au dernier moment, le 3e de marche et le 21e turcos arrivaient au pas de course, mais il était trop tard, la retraite avait été ordonnée ; et nos chefs n'avaient plus qu'un but : la mener à bien.

Malheureusement, il a été impossible de porter secours aux soldats de la mobile et aux francs-tireurs qui se trouvaient dans les maisons du Bourget. Ceux-là ont dû être faits prisonniers. Parmi eux, se trouvent le capitaine de la 4e compagnie des

francs-tireurs de la Presse, M. Demonteil, et quelqués légionnaires des *Amis de la France*.

Pendant le combat, au moment où les clairons sonnaient pour
la troisième fois la retraite, j'avais reçu une balle dans l'avant-
bras gauche ; mais, malgré l'atroce douleur que je ressentais, je
continuais à tirer sur les Prussiens, et je ne m'apercevais pas que
je perdais du sang en abondance. Tout à coup, un voile me
passa devant les yeux, mon fusil me semblait avoir acquis un
poids extraordinaire, et avant d'avoir pu me rendre compte de
la faiblesse que j'éprouvais, j'avais perdu connaissance.

Quand je revins à moi, j'étais couché dans un bon lit, à l'ambulance du Val-de-Grâce. Ma blessure était insignifiante, et,
sans l'hémorrhagie qui s'était déclarée, j'aurais pu facilement
revenir avec mon bataillon. Plût au ciel qu'il en eût été ainsi :
une des plus cruelles émotions que j'aie ressenties de ma vie
m'aurait été épargnée ; dans le lit voisin de celui sur lequel
j'étais couché, il y avait un cadavre mal dissimulé par le drap
qui le recouvrait, c'était, m'avait dit la bonne Sœur qui priait
dans la ruelle, un Prussien blessé mortellement et ramassé près
de moi dans le village du Bourget. Jusque-là, ce n'était qu'une
conséquence, fort triste il est vrai, de la guerre que nous soute-
tenons ; mais savez-vous quel était cet homme ?... Je frémis encore en écrivant ces lignes.... Un médecin de l'hospice étant
venu pour constater le décès, écarta le drap qui recouvrait la
figure du mort, et je me trouvai une troisième fois en face du
même officier prussien qui avait déjà été tué deux fois en ma
présence ! Je poussai un cri d'effroi, et j'allai me précipiter à
bas de mon lit, quand deux infirmiers s'emparèrent de moi, me
retinrent de force, et déclarèrent que j'avais le délire et un
violent accès de fièvre : ils se trompaient, car une heure plus
tard, je parcourais les journaux, où je recueillais les renseignements suivants :

*
* *

Paris possède encore plus de 130,000 quintaux de blé qu'on
s'occupe à transformer en farine.

D'après les calculs faits dans tous les arrondissements, le ra-tionnement de la viande est définitivement fixé à cinquante grammes par habitant.

L'entrepôt de Bercy est, dès aujourd'hui, non-seulement à l'abri du bombardement, mais encore toutes les précautions sont prises contre les incendies accidentels.

Quarante-troisième journée de siége.

Lundi, 31 octobre 1870.

Dès le matin, tout Paris savait que nous avions été forcés d'abandonner le Bourget, et on accusait tout haut l'autorité d'avoir négligé d'y envoyer des forces suffisantes pour le dé-fendre. Un peu plus tard, des affiches apprenaient à la popu-lation la reddition de Metz. Cette fois, on reprochait au gouver-nement d'avoir caché pendant plusieurs jours ce désastre qui était venu à sa connaissance ; on ne s'occupait plus des ennemis campés à nos portes, et on comprenait que la bataille pourrait bien cette fois se livrer dans la rue, car la population de Belle-ville était en effervescence; elle déclarait que le Gouvernement de la Défense nationale n'avait plus sa confiance, et que le mo-ment était venu de le remplacer par autre chose.

En effet, une pluie fine et persistante qui tombait depuis longtemps ne paraissait pas devoir arrêter les manifestations, et la place de l'Hôtel-de-ville se garnissait de monde à vue d'œil.

Avenue Victoria, on entend battre aux champs ; c'est le 118ᵉ bataillon qui arrive. Plusieurs gardes nationaux de ce bataillon tiennent les coins d'un énorme drapeau tricolore, sur lequel on lit en gros caractères ces mots : *Vive la République ! Pas d'ar-mistice ! Résistance à mort !*

Par cette même avenue Victoria débouchent successivement les 249ᵉ, 83ᵉ, 178ᵉ, 20ᵉ bataillons, tous sans armes. A l'une des fenêtres du pavillon gauche de la mairie de Paris, on dis-

tingue MM. Étienne Arago, Floquet, Brisson, regardant le flot.
de monde qui se presse sur la place.

Les portes de la mairie de Paris se ferment. Deux heures
trois quarts viennent de sonner.

De temps à autre, du milieu des groupes stationnant devant.
la grande porte du pavillon de gauche, on voyait une personne
grimper à un candélabre et déployer une affiche sur laquelle
étaient tracés ces mots : *Vive la Commune !* ou : *Pas d'armistice !* ou : *La levée en masse !*

Un peu plus tard, Rochefort, accompagné de trois officiers,
arrivait en berline par l'avenue Victoria, et chacun se portait vers
sa voiture aux mêmes cris de : *La Commune ! la Commune !*

Cependant, le président de la commission des barricades parvint à franchir les portes de l'Hôtel-de-ville, et bientôt après, on
le vit succéder au maire de Paris, au pied du petit escalier que
la foule tentait d'envahir une seconde fois.

La déclaration faite à ce moment par le citoyen Rochefort ne
fut pas entendue. Sa voix était couverte par les cris de quelques
orateurs qui haranguaient le peuple du haut.... des épaules de
leurs camarades d'émeute.

Le général Trochu se présente à la foule. Il s'arrête sous le
vestibule, et fait signe qu'il veut parler. Mais le brouhaha est.
indescriptible. Les cris : *Silence ! silence !* sont couverts par ceux
plus véhéments de *La Commune ! la Commune !* Pâle, visiblement ému, mais maître de lui, le général attend qu'on veuille
l'écouter. A grand'peine enfin il parvient à se faire entendre.

« Citoyens, dit-il, voulez-vous entendre la parole d'un soldat ?

» C'est en vain que vous suspectez mon patriotisme, qui me
conduira à la mort pour la défense de la République.

» J'ai trouvé Paris sans défense ; il pouvait être envahi en
quarante-huit heures sans difficultés.

» J'ai consacré tous mes efforts à le rendre imprenable ; il
l'est aujourd'hui. Aucun ennemi, aussi puissant qu'il soit, ne
peut y entrer.

» Ne voyez-vous pas que, pour nous défendre, nous avons.

besoin de tous nos moyens ? Si nos armées ont été vaincues, c'est qu'elles n'avaient pas ce qu'il faut pour vaincre ; elles manquaient d'artillerie.

» Nous faisons les plus grands efforts pour triompher. Nous avons réuni des forces capables de résister à l'ennemi... »

Ces lambeaux de phrases sont à peine entendus. On crie, on hurle, on vocifère, et toujours revient ce refrain : *La Commune ! la Commune !*

Vingt fois le général dut répondre individuellement à ceux qui l'interpellaient, vingt fois il fut contraint de s'arrêter aussi pour satisfaire aux désirs de la multitude affolée qui hurlait : — Saluez le peuple ! criez *Vive la république !*

Vingt fois enfin il dut contenir son indignation contre ceux qui le menaçaient du poing en disant : — Vous n'êtes qu'un royaliste ; à bas les royalistes !

Enfin, il fut obligé de renoncer à se faire entendre ; le clairon sonnait le pas accéléré sur la place, et l'on voyait voltiger devant la façade de l'Hôtel les bataillons de garde nationale accourus au rappel que l'on venait de battre dans tous les quartiers.

Il remonta donc dans la salle du conseil, où une députation des bataillons assemblés ne tarda pas à le faire demander.

Il était alors deux heures et demie environ.

La députation fut reçue par le général Trochu, MM. Jules Favre et Jules Ferry, dans le grand salon qui précède la salle éclairée par le balcon mémorable.

Le premier des délégués qui prit la parole fut le citoyen Maurice Joly, pour demander des explications relativement à la nouvelle de la reddition de Metz, que le peuple prétend lui avoir été cachée pendant trois jours.

Le général Trochu déclare que ce n'est que le 27 au soir que la capitulation a été signée.

A ce moment, une détonation se fait entendre : c'est un garde national, placé à peu de distance de la grille de l'Hôtel-de-ville, qui vient de tirer un coup de révolver en l'air.

A cette détonation succèdent trois ou quatre décharges, mais

celles-là, plus fortes et paraissant être des coups, de fusil. En
moins d'une seconde, la panique devient telle que 10 à 12,000
personnes, composées de gardes nationaux, de curieux, de
femmes, d'enfants, s'enfuient dans toutes les directions en faisant entendre de violentes imprécations.

De tous côtés, on entend répéter ces mots : — Nous sommes
trahis ! on vient de tirer sur le peuple ! il faut descendre en armes !

A ces ridicules inventions, des individus ne craignent pas
d'ajouter que des barricades sont commencées dans les alen-
tours de l'Hôtel-de-ville.

Les boutiquiers, ne sachant que penser, s'apprêtent à fermer
les devantures de leurs boutiques.

A trois heures et demie, plus de la moitié de la place de
l'Hôtel-de-ville se trouve garnie.

Les boutiques se ferment rue de Rivoli, avenue Victoria,
place du Châtelet et quai de la Mégisserie, jusqu'à la hauteur
de la rue du Pont-Neuf. Ce flot de fuyards jette la perturbation
dans ce quartier par l'interprétation erronée qu'ils donnent aux
coups de fusil entendus place de l'Hôtel-de-ville.

Boulevard Saint-Michel, rue Dauphine, sur le Pont-Neuf,
quai des Orfèvres, place Dauphine, quai des Grands-Augustins,
on ne parle de rien moins que d'un bombardement dont aurait
été l'objet la mairie de Paris.

Les partisans de la Commune grossissent à ce point qu'ils ne
tardent pas à se faire ouvrir l'une des portes de la mairie de
Paris. De nombreux délégués gravissent les escaliers conduisant
aux grands appartements qui donnent sur la place, et appa-
raissent aux fenêtres. Leur présence est accueillie par des
bravos et des cris de *Vive la Commune ! A bas le Gouvernement ! Vive Blanqui ! Vive Pyat !*

A une autre fenêtre se trouvent le maire de Paris et les adjoints à cette mairie. M. Etienne Arago s'efforce d'expliquer que
des résolutions importantes viennent d'être prises par le gouvernement; mais les clameurs et le bruit ne permettent pas
d'entendre l'orateur.

Vers quatre heures, M. Etienne Arago paraît à une fenêtre de l'aile gauche de l'Hôtel-de-ville, et il donne lecture d'un décret convoquant à bref délai les électeurs pour la nomination des membres de la Commune. Au même moment, M. Gustave Flourens arrivait à cheval, suivi de son bataillon, qui défile la crosse en l'air sous les fenêtres de l'Hôtel-de-ville. M. Flourens s'arrête à la porte de l'aile gauche qui est fermée. Bientôt elle s'ouvre, et elle donne passage à un officier supérieur de la garde nationale, qui monte sur la croupe du cheval de M. Flourens, et de là annonce à la foule que la levée en masse est décrétée. (Acclamations dans la foule.) Pendant ce temps, les fenêtres du milieu de la façade sont occupées par des gardes nationaux qu'on dit appartenir aux bataillons de Belleville, et par des ouvriers.

Un garde national, juché sur le rebord en saillie du premier étage, déroule une écharpe |rouge qu'il agite aux yeux de la foule. D'autres lancent sur la place des morceaux de papier roulé, renfermant soit de simples indications telles que : *la Commune est acceptée*, soit des listes des membres d'une Commune révolutionnaire. Une de ces listes porte les noms suivants : Dorian, président; Félix Pyat, Ledru-Rollin, Schœlcher, Joigneaux, Louis Blanc, Victor Hugo, Martin Bernard, Mottu, Greppo, Delescluze, Bonvallet. D'autres listes portent aussi les noms de MM. Blanqui et Gustave Flourens. Pendant ce temps, les bataillons de la garde nationale continuent à défiler sur la place, la crosse en l'air. Des groupes animés remplissent la place. On y remarque, comme d'habitude, un grand nombre de simples curieux, sans oublier les curieuses. Le temps est détestable, beaucoup de parapluies sont ouverts.

Le bruit se répand vers neuf heures que le général Trochu est libre. Cette nouvelle est accueillie par des acclamations sur les boulevards. Sur la place Vendôme, à l'état-major, on crie : *Vive Trochu ! à bas la Commune ! à bas Blanqui !* pendant une heure sans interruption. L'enthousiasme augmente encore quand on entend battre le rappel et quand on voit la garde nationale accourir de toutes parts pour marcher sur l'Hôtel-de-ville. On apprend aussi avec satisfaction qu'auprès du général Trochu se trouvent MM. Pelletan et Picard.

Dix heures. On assure que MM. Le Flô, Tamisier et Jules Favre, ainsi qu'un certain nombre de gardes nationaux ou mobiles, sont restés à l'Hôtel-de-ville, où ils sont retenus prisonniers. M. Roger (du Nord) est chargé du commandement en chef de la garde nationale.

Onze heures. Des bataillons de la garde nationale, tambours en tête, se rendent à l'Hôtel-de-ville, qu'ils se mettent en devoir de cerner. Le 106° bataillon est arrivé le premier, ayant à sa tête M. Jules Ferry.

Trois heures du matin. Les gardes nationaux rentrent de tous côtés. Le général Trochu revient au Louvre, accompagné de MM. Jules Favre, Garnier-Pagès et du général Ducrot. Ils sont accueillis par les acclamations les plus enthousiastes.

Le gouvernement de la Défense nationale est réinstallé.

Quarante-quatrième journée de siége.

Mardi, 1ᵉʳ novembre 1870.

Dans la nuit, le fort de Vanves a tiré sur le plateau de Châtillon.

Un jet de lumière électrique, parti du fort, a inondé les bois de Clamart sur une longueur de plusieurs kilomètres. De la porte d'Orléans, on distinguait les arbres, les buissons, les plus petites élévations de terrain.

**

Je suis sorti ce matin de l'hôpital du Val-de-Grâce encore un peu faible, mais en état de reprendre mon service.

Voici les décrets que je trouve affichés sur les murs de Paris :

« Le gouvernement de la Défense nationale,

» Considérant qu'il importe à la dignité du gouvernement et au libre exercice de sa mission de défense de savoir s'il a conservé la confiance de la population parisienne,

DÉCRÈTE :

» Le scrutin sera ouvert le jeudi 3 novembre, de huit heures du matin à six heures du soir, sur la question suivante :

» La population de Paris maintient-elle, oui ou non, les pouvoirs du gouvernement de la Défense nationale? »

« Le gouvernement de la Défense nationale, fermement résolu à supprimer tout désordre dans la rue pendant la durée du siége, et à ne pas permettre que le gouvernement et la garde nationale soient détournés, ne fût-ce qu'un instant, de la lutte contre l'ennemi,

DÉCRÈTE :

» Art. 1er. Tout bataillon de la garde nationale qui sortira en armes, en dehors des exercices ordinaires et sans convocation régulière, sera immédiatement dissous et désarmé.

» Art. 2. Tout chef de bataillon qui aura convoqué son bataillon en dehors des exercices ordinaires, ou sans ordre régulier, pourra être traduit devant un conseil de guerre. »

« Le gouvernement de la Défense nationale,

DÉCRÈTE :

» Art. 1er. Sont révoqués, les chefs de bataillon de la garde nationale dont les noms suivent : G. Flourens, chef du 1er bataillon de volontaires ; Razoua, chef du 61e bataillon ; Goupil, chef du 115e bataillon ; Ranvier, chef du 141e bataillon ; De Frémicourt, chef du 157e bataillon ; Jaclard, chef du 158e bataillon ; Cyrille, chef du 167e bataillon ; Levraud, chef du 204e bataillon ; Millière, chef du 208e bataillon.

» Art. 2. Le jour de l'élection qui aura lieu pour remplacer les chefs de bataillon révoqués, sera ultérieurement indiqué. »

* *

Le ministère de l'intérieur est occupé par un régiment de marche, l'arme au pied, le sac au dos.

Dans la matinée, la générale a été battue sur les boulevards.

L'Hôtel-de-ville est très-calme. Sur la place, quelques groupes discutent les événements, mais sans passion.

L'union de tous devant l'ennemi paraît un fait accompli.

*
* *

Depuis hier, les Prussiens s'installent au Bourget et travaillent activement à s'y fortifier.

*
* *

Vers trois heures de l'après-midi, onze voitures d'ambulance se sont dirigées vers le champ de bataille ; ou le commandant prussien n'a pas voulu laisser pénétrer de suite ; mais, à cinq heures, il fit répondre que les blessés français étaient transportés à Gonesse ; il était prêt à nous rendre nos morts, à la condition que le général de Bellemare s'engagerait à ne pas faire tirer pendant tout le temps que durerait la remise des corps : le général n'a pas consenti.

Le commandant prussien a dit à nos parlementaires :

— Vos officiers se sont conduits en héros.

*
* *

Le personnel de la Compagnie générale des voitures a ouvert une souscription dont le résultat a permis d'offrir à la République un canon qui doit prendre le n° 15 et porter l'inscription : *Compagnie des voitures de Paris.*

*
* *

On annonce que le général de Bellemare est remplacé par le général Berthaut.

*
* *

M. Flourens sommait le général Trochu de donner sa démission. Le général a répondu qu'il ne la donnerait point, qu'il était peu sensible aux reproches d'incapacité dont on l'accablait, qu'il n'avait plus besoin que de *quatorze jours pour débloquer Paris.*

*
* *

A compter d'aujourd'hui, 1ᵉʳ novembre, les consommateurs de gaz d'éclairage ayant plusieurs brûleurs dans une même pièce, devront en réduire l'allumage dans la proportion d'un bec sur deux.

**

M. Alexis Godillot vient de mettre gratuitement à la disposition de la mairie du 9ᵉ arrondissement six pièces de canon en acier, ainsi qu'une certaine quantité de boulets, boîtes à mitraille, caissons, forges, etc.

**

La cour d'appel de Paris a voté une somme de 5,000 francs à titre d'offrande nationale pour la fabrication et l'achat de canons destinés à la défense de Paris.

Quarante-cinquième journée de siége.

Mercredi, 2 novembre 1870.

Toute la journée, le calme a régné dans Paris; quelques groupes seulement étaient réunis sur la place de l'Hôtel-de-ville, et s'occupaient des questions d'armistice et d'élections municipales. Les partisans de la Commune étaient peu nombreux et paraissaient un peu confus.

**

A la barrière de Fontainebleau, les enrôlements volontaires se font d'une manière moins grandiose qu'au Panthéon, mais assurément très-émouvante :

Une vulgaire échelle double, garnie de drapeaux, porte un écriteau sur lequel se lit un appel aux hommes de bonne volonté.

Un registre ouvert sur une simple table reçoit les noms des gardes nationaux.

Des tambours accueillent et reconduisent les patriotes d'un roulement prolongé.

Le public bat des mains.

**

La ville de Saint-Denis vient de s'inscrire pour une somme de 1,000 francs, destinée à la fabrication des canons.

On vient d'établir sur les boulevards deux pavillons avec un bureau, destinés à recevoir les offrandes du public pour la fonte des canons.

* *

Dans la soirée, des rumeurs alarmantes ont circulé : on disait que M. Flourens, à la tête de son bataillon, s'était installé à la mairie de Belleville pour en faire le siége d'une commune révolutionnaire, et je me suis assuré par moi-même que ces bruits étaient faux; les partisans du désordre sont bien définitivement vaincus, et il n'y a rien à craindre de Belleville ou d'ailleurs.

On vient de m'assurer que M., Rochefort venait d'envoyer sa démission de membre du gouvernement de la Défense nationale.

* *

Par décret en date du 2 novembre 1870, M. Ernest Cresson, avocat à la cour d'appel de Paris, est nommé préfet de police en remplacement de M. Edmond Adam, démissionnaire.

* *

J'ai lu ce soir, sur la devanture d'un restaurant, rue du Bac, cet avis :

« *Fermé pour cause de manque de viande.* RÉOUVERTURE LE PLUS TÔT POSSIBLE. »

Quarante-sixième journée de siége.

Jeudi, 3 novembre 1870.

L'agitation intérieure de ces jours derniers a quelque peu détourné l'attention de la situation extérieure. Elle s'est peu modifiée depuis avant-hier. Le cercle qui nous étreint ne s'est ni rétréci ni élargi.

Les Prussiens se tiennent toujours au Bourget, et on ne peut donner d'autre preuve de l'importance qu'ils attachent à cette position, que la persistance qu'ils mettent à s'y maintenir.

Cette nuit, le fort d'Aubervilliers n'a cessé de diriger une canonnade non interrompue sur la barricade qu'ils ont construite en amont du village.

Une démonstration aussi énergique ne saurait s'expliquer, en face d'un ouvrage aussi peu important.

On croit que l'ennemi y établit une batterie.

Du côté de Pierrefitte, du Raincy et de Bondy, la situation ne se modifie pas davantage, tout reste dans l'expectative.

Le fort de l'Est et celui de Romainville ont, ce matin, tiré quelques coups de grosses pièces de marine.

En apparence, du moins, l'ennemi reste inactif.

* *

Depuis huit heures du matin, Paris est au scrutin. Partout la garde nationale veille aux urnes. La ville est calme. Chacun accomplit en silence son devoir de citoyen.

Dans nos quartiers du centre, vif empressement au scrutin ; assurément très-peu d'abstentions ; pas le moindre conflit.

Paris est plein d'animation ; mais il se meut visiblement dans un grand sentiment de confiance. Il est clair que la ridicule échauffourée du 31 octobre lui a montré toute sa force. Il n'y a pas d'arrondissement où les passants ne s'arrêtent de cent pas en cent pas pour se dire :

— Les *oui* seront dans une majorité formidable.

— Ce soir, il ne sera plus question de la Commune.

— Paris ne sera pas un faubourg de Belleville.

— Paris n'obéira jamais aux dix ou douze fous qui étaient, l'autre soir, à la tête des envahisseurs de l'Hôtel-de-ville.

Jusqu'à la dernière heure, les électeurs se rendent en foule dans les sections. Les opérations du scrutin sont très-calmes.

Plusieurs bataillons de la garde nationale sont massés sur quelques points de la capitale, prêts à réprimer les désordres qui pourraient éclater.

On rencontre un grand nombre de gardes nationaux dans les rues. Les uns portent des bouquets au canon de leurs fusils, et des *Oui* sont piqués dans les bouquets ; d'autres portent le *Oui* à leur képi.

A la porte des mairies et des diverses sections où les citoyens sont appelés à déposer leurs votes dans l'urne, on est unanime

à flétrir les insensés et les tristes drôles qui, en présence de
la guerre étrangère, n'ont pas craint de provoquer la guerre
civile et d'attenter à la liberté du gouvernement de la Défense
nationale.

*
* *

Le général Clément Thomas est nommé commandant supérieur des gardes nationales de la Seine, en remplacement du
général Tamisier, dont la démission est acceptée.

*
* *

A midi, en l'église de la Madeleine, la société des concerts
du Conservatoire, sous la direction de M. Georges Hainl, a fait
exécuter le *Requiem* en ut mineur de Cherubini pour les victimes de la guerre.

Une allocution a été prononcée par M. Deguerry, curé de la
Madeleine.

Le produit des quêtes et des places réservées est destiné à
l'œuvre des Ambulances de la presse.

Quarante-septième journée de siége.

Vendredi, 4 novembre 1870.

Pendant la nuit, canonnade sur toute la ligne.

Ma blessure est plus grave qu'on ne l'avait supposé; j'ai donc
provisoirement cessé mon service, et, le bras en écharpe, je
continue la chasse aux nouvelles.

Les batteries que les Prussiens ont construites de la capsulerie de Meudon à Châtillon sont à fleur de terre, casematées
en dessus et en dessous.

Les casemates de dessous sont pour le logement des hommes;
elles ont la profondeur d'un étage.

Celles de dessus ont de 1 mètre 50 à 2 mètres au-dessus
des canons, de manière à rendre les bombes inoffensives,
autant que possible.

Les embrasures ont de 60 à 75 centimètres.

En outre, des masses de fer ont déjà été envoyées pour le service de toutes les batteries qui enserrent Paris.

On évalue la quantité de fer arrivée, il y a plus de dix jours, à vingt-cinq millions de kilog.

Voici le résultat définitif des votes de la journée d'hier, sauf quelques communes qui n'ont pas encore transmis les leurs :

Oui. 557,996

Non. 62,638

Le gouvernement de la Défense nationale a adressé à la population la proclamation suivante :

« Citoyens,

» Nous avons fait appel à vos suffrages.

» Vous nous répondez par une éclatante majorité.

» Vous nous ordonnez de rester au poste de péril que nous avait assigné la révolution du 4 septembre.

» Nous y restons avec la force qui vient de vous, avec le sentiment des grands devoirs que votre confiance nous impose.

» Le premier est celui de la défense. Elle a été, elle continuera d'être l'objet de notre préoccupation exclusive.

» Tous, nous serons unis dans le grand effort qu'elle exige : à notre brave armée, à notre vaillante mobile, se joindront les bataillons de la garde nationale, frémissant d'une généreuse impatience.

» Que le vote d'aujourd'hui consacre notre union. Désormais, c'est l'autorité de votre suffrage que nous avons à faire respecter, et nous sommes résolus à y mettre toute notre énergie.

» Donnant au monde le spectacle nouveau d'une ville assiégée dans laquelle règne la liberté la plus illimitée, nous ne souffrirons pas qu'une minorité porte atteinte aux droits de la majorité, brave les lois, et devienne, par la sédition, l'auxiliaire de la Prusse.

» La garde nationale ne peut incessamment être arrachée

aux remparts pour contenir ces mouvements criminels. Nous
mettrons notre honneur à la prévenir par la sévère exécution
des lois.

» Habitants et défenseurs de Paris, votre sort est entre vos
mains. Votre attitude depuis le commencement du siége a
montré ce que valent des citoyens dignes de la liberté. Achevez
votre œuvre ; pour nous, nous ne demandons d'autre récom-
pense que d'être les premiers au danger, et de mériter par
notre dévouement d'y avoir été maintenus par votre volonté.

» Vive la République! Vive la France !

> » Général Trochu , Jules Favre, Emmanuel Arago,
> Jules Ferry, Garnier-Pagès , Eugène Pelletan ,
> Ernest Picard, Jules Simon. »

A la suite de la proclamation du Gouvernement provisoire ,
on lisait le décret suivant :

« Le gouvernement de la Défense nationale,

» Considérant que les maires des vingt arrondissements de
la ville de Paris, régulièrement convoqués à l'Hôtel-de-ville,
ont émis à l'unanimité le vœu qu'il fût procédé, en deux votes
distincts, à l'élection des maires et à celle des adjoints ,

DÉCRÈTE :

» Art. 1er. Le scrutin du 5 novembre sera exclusivement
consacré à l'élection des maires.

» Art. 2. Il sera procédé le 7 novembre à l'élection des
adjoints. »

La démission de M. H. Rochefort, non retirée avant le vote
d'hier, est nécessairement définitive, puisque les électeurs
n'ont pas confirmé ses pouvoirs.

Le gouvernement de la Défense nationale a dû ordonner, dès
le 1er novembre au soir, la poursuite des faits dont l'ensemble
constitue l'attentat du 31 octobre.

Parmi les personnes arrêtées aujourd'hui, citons : MM. Félix Pyat, Maurice Joly, Vésinier, Ranvier, Cyrille, Tridon, Goupil, Pillot, Vermorel, Tibaldi, Jaclard, Razoua, Ducoudray, Peyrouton, Lefrançais, Mottu, Millière. — MM. Flourens, Blanquï et Levraud ont pu se soustraire aux poursuites. M. Raoul Rigault, commissaire de police, a été arrêté, puis relâché.

Vers trois heures, une bande de femmes — elles étaient une vingtaine — descend le faubourg du Temple, se dirigeant vers l'Hôtel-de-ville.

L'une d'elles porte un drapeau rouge sur lequel se trouve cette inscription : *Nous voulons la Commune !*

Les passants s'arrêtent. Est-ce une farce ? Pas du tout; ces femmes ont l'air convaincu.

Sur le boulevard, les gamins leur font escorte en hurlant, sur l'air des *Lampions :* — Saint-Lazare ! Saint-Lazare !

On rit, on crie. La farce menace de prendre les proportions d'un scandale.

Rue du Temple, des gardes nationaux désarmés veulent s'opposer à cette promenade ridicule.

Les femmes, armées de bâtons, tombent sur les gardes à coups redoublés.

Une lutte a lieu. Le drapeau rouge est mis en lambeaux. La situation devient perplexe. On a toujours une certaine répugnance à lutter contre des femmes.

Alors un garde national a la bonne idée d'employer la ruse. Saisissant la hampe du drapeau, il se met à la tête de ce qui reste de la bande et s'écrie :

— Suivez-moi.

— Où ?

— A l'Hôtel-de-ville.

On le suit en effet. Et le garde conduit les anges de la Commune.... au poste de la rue du Chaume, où elles sont probablement encore.

Quarante-huitième journée de siége.

Samedi, 5 novembre 1870.

Aujourd'hui, la compagnie des tirailleurs-éclaireurs a poussé plusieurs reconnaissances vers Saint-Cloud ; une section , sous les ordres du lieutenant Kratz, a pu pénétrer dans la ville, du côté du chemin de fer; là, elle a essuyé le feu d'un poste ennemi, qui a blessé un tirailleur. Ce poste se compose d'un détachement du 59ᵉ régiment d'infanterie prussienne (contingent de Posen) ; il fait partie de la 2ᵉ brigade de la 9ᵉ division du 5ᵉ corps d'armée, dont le quartier général est à Vaucresson, et qui est cantonné depuis Bougival jusqu'à Garches ; un bataillon formant l'avant-garde est établi à la porte Jaune, et envoie des patrouilles dans Saint-Cloud.

Les ruines du château incendié sont désertes. De temps à autre, des éclaireurs prussiens se glissent par le parc jusqu'au bord de la Seine ; mais là ils sont surveillés activement par nos francs-tireurs postés de ce côté, et qui ne laissent guère circuler sur le quai.

Presque toutes les maisons de campagne au nord de Saint-Cloud sont désertées.

Suresnes a conservé encore beaucoup d'habitants; en plusieurs endroits, on a solidement obstrué les rues, et sur le quai une série de barricades, depuis le pont de Suresnes jusqu'à celui de Neuilly, protégent l'accès le long de la Seine ; elles sont gardées par des bataillons bretons de la garde mobile.

Notre ligne de défense a fait un pas en avant le long de la Seine entre Gennevilliers et Nanterre. Sur la route de Courbevoie à Bezons, nos lignes ne s'avançaient guère au delà du chemin de fer du Hâvre; on s'est décidé à pousser plus loin. Colombes est occupé aujourd'hui par la garde mobile; la presqu'île de Gennevilliers va être mise en état de défense, et des ouvrages pour l'artillerie sont établis en face d'Orgemont et d'Argenteuil.

En descendant de la route de Choisy à Vitry, jusqu'à la berge de la Seine, au delà du Port-à-l'Anglais, j'ai vu, dans plus d'un champ, travailler la charrue. Çà et là, on pouvait, jusqu'à ce jour, mais bien loin les unes des autres, rencontrer des terres où une main intrépide a fait passer le soc et la herse; mais, cette fois, dans un petit canton, j'ai pu compter sept à huit attelages dont la moitié étaient suivis du semeur.

Cultivateurs de l'Ile-de-France, avez-vous jamais semé si tard le blé d'automne, et fut-ce jamais sous la volée des boulets ?

*
* *

Depuis que le général Berthaut a pris possession du commandement de Saint-Denis, cette ville ressemble à un véritable camp.

On y rallie toutes les troupes dispersées après la malencontreuse affaire du Bourget : leur nombre est plus considérable qu'on ne le pense.

Quarante-neuvième journée de siége.

Dimanche, 6 novembre 1870.

Nuit assez calme.

On lit ce matin dans l'*Officiel* :

« Les quatre grandes puissances neutres, l'Angleterre, la Russie, l'Autriche et l'Italie, avaient pris l'initiative d'une proposition d'armistice à l'effet de faire élire une Assemblée nationale.

» Le gouvernement de la Défense nationale avait posé ses conditions, qui étaient : le ravitaillement de Paris et le vote pour l'Assemblée nationale par toutes les populations françaises.

» La Prusse a expressément repoussé la condition du ravitaillement; elle n'a d'ailleurs admis qu'avec des réserves le vote de l'Alsace et de la Lorraine.

» Le gouvernement de la Défense nationale a décidé à l'unanimité que l'armistice ainsi compris devait être repoussé. »

* *

Que nous avons de tristes dimanches depuis quelques mois !
C'est un dimanche que les Parisiens ont appris la défaite de
Forbach et de Reischoffen; c'est un dimanche qu'il a fallu avouer
le désastre de Sedan; c'est un dimanche que nous avons connu
la capitulation de Strasbourg; c'est un dimanche qu'on a repris
le Bourget, et que le bruit de la chute de Metz, officiel le lendemain, s'est répandu dans Paris; c'est un dimanche enfin que la
rupture des négociations vient brusquement détruire les espé-
rances trop facilement et trop vite échafaudées sur l'armistice.

* *

Il paraît que tout le monde ne pleure pas le dimanche, car
aujourd'hui il y avait foule aux avant-postes français; et quelle
foule ? élégante et rieuse comme aux beaux jours d'autrefois.
Dès le matin, Boulogne et ses barricades étaient envahies par
des dames du meilleur monde qui fouillaient avec des lor-
gnettes les maisons situées sur l'autre rive, à Saint-Cloud.

* *

De là, des caravanes entières se dirigeaient, par la rue de
Sèvres, jusqu'au pont de Billancourt.

De Billancourt au fort d'Issy, toutes les voies de communication, depuis les grandes routes nationales jusqu'aux chemins
de traverse les plus inconnus, regorgeaient de promeneurs.

Il était vraiment curieux de voir cette foule descendre aux
stations et s'éparpiller dans les plaines situées entre les forts.

Les uns allaient voir les moblots — des parents! — les
autres, attirés par la curiosité, essayaient de percer les rideaux
d'arbres placés devant eux pour contempler nos ennemis, — et
cela a duré jusqu'au soir, jusqu'au moment où cette foule
folâtre et curieuse a été forcée de rentrer dans Paris, dans ce
Paris étrange, fantasmagorique que les Prussiens voudraient
bien prendre.

* *

Les avares ont beau jeu par ce temps de disette :

Un harpagon de ma connaissance a découvert un moyen ingénieux de faire des politesses à ses connaissances.

— Venez me demander à dîner, leur dit-il, je vous ferai manger des choses tellement étonnantes, qu'il vous sera impossible d'en deviner la nature.

Comme c'est engageant !

Cinquantième journée de siége.

Lundi, 7 novembre 1870.

Le fort de Nogent et une batterie installée dans le parc de Mme Lafolotte, au haut de Nogent, ont tonné cette nuit de deux à cinq heures.

A six heures du matin, un poste prussien, fort d'une soixantaine d'hommes environ, a été découvert dans une des fermes situées en avant de Créteil, sur la route de Meaux. Un détachement de gardes mobiles a été envoyé pour déloger l'ennemi de cette position, qui était un observatoire fort gênant pour nos avant-postes.

Un assez vif combat de tirailleurs, dans lequel un garde mobile a été tué et un autre blessé, est resté sans résultat. Le fort de Charenton a alors envoyé une bombe, qui a crevé le toit de la maison. L'ennemi l'a abandonnée et s'est retranché derrière la grande barricade qui coupe le chemin de fer de Lyon.

De cet endroit, il a entretenu un feu très-vif contre nos tirailleurs, qui s'est prolongé une bonne partie de la matinée.

*
* *

A onze heures, la place Vendôme était occupée par plusieurs bataillons de la garde nationale ; à deux heures, le tambour a battu, on a rompu les faisceaux, et les bataillons se sont dirigés vers une destination inconnue.

*
* *

A midi, un envoyé du gouvernement français s'est rendu à

Versailles, pour signifier le refus, voté cette nuit par les membres du gouvernement de la Défense nationale, des conditions que voulait imposer la Prusse pour la conclusion d'un armistice.

M. Thiers a télégraphié, hier soir, à l'empereur Alexandre, le refus de la France.

*
* *

Pendant les négociations relatives à l'armistice, nos forts et nos préparatifs militaires ont continué, tant au point de vue de la fabrication des armes de toutes sortes qu'au point de vue de l'organisation des forces militaires.

Sur la rive gauche, nos cheminements ont été très-avancés et embrassent toute la région qui s'étend de Vitry et de Villejuif à Arcueil. C'est dans cette zone que se trouvent la formidable batterie des Hautes-Bruyères, celle du Moulin-Saquet, et un autre ouvrage considérable en pleine voie d'achèvement et qui doit compléter le système.

Les trois faces de la batterie des Hautes-Bruyères sont aujourd'hui très-fortement armées, et ses pièces peuvent prendre en écharpe plusieurs des ouvrages établis contre les forts de Vanves et d'Issy.

Dans la zone qui s'étend autour du fort de Charenton, les bords de la Marne ont été hérissés de batteries qui maintiennent l'ennemi en arrière du Petit-Brie et de Neuilly-sur-Marne, et on annonce que les hauteurs de la capsulerie, près de Montreuil-aux-Pêches, vont recevoir une batterie formidable, destinée à dominer toute la plaine.

*
* *

De son côté, l'ennemi vient de démasquer 150 pièces de canon (modèle 24 et modèle 12). Ces pièces, dans le système Krupp, sont disposées en batteries depuis les hauteurs de Fleury jusqu'à celles de Montretout; elles sont protégées contre l'action de nos feux par des travaux de terrassement et de blindage. On pense que, très-prochainement, l'action de ces batteries, réellement formidables, commencera contre nos forts d'Issy, de

Vanves, de Montrouge, et la partie du mur d'enceinte comprise entre le bastion 50 et le bastion 78, au sud-ouest de Paris.

*
* *

Une souscription, ouverte parmi les employés de l'administration du Mont-de-Piété, pour la fabrication des canons, a produit la somme de 1,362 fr.

*
* *

On a reçu depuis quelques jours, dans un certain nombre de familles, des nouvelles de chers absents partis en guerre, et dont on ignorait le sort depuis Gravelotte et Sedan.

Le duc de Fitz-James a appris que son fils, âgé de dix-sept ans, engagé volontaire au début de la guerre, fait prisonnier à Sedan, était parvenu, non sans courir mille dangers, à se sauver des mains des Prussiens.

Mais, pour une bonne nouvelle, combien de deuils et de douloureuses incertitudes !

*
* *

Propos d'un orateur du club de la *Reine-Blanche* :

« Le général Trochu, qui est catholique et Breton, attend apparemment la venue de quelque nouvelle Jeanne d'Arc. Mais il n'y a plus de Jeanne d'Arc. (Hilarité.) Y a-t-il ici une Jeanne d'Arc ? » (Profond silence.)

Espérons, n'en déplaise à l'orateur, que, si Jeanne d'Arc il y avait, elle ne se trouverait pas au club de la *Reine-Blanche !*

*
* *

Je viens de faire une remarque singulière. Lorsqu'il s'est agi d'armistice, de magnifiques mottes de beurre frais et salé ont fait leur apparition à la devanture de plusieurs magasins de comestibles.

Depuis que l'armistice a été rejeté, toutes ces mottes ont disparu avec un ensemble désespérant.

Cinquante et unième journée de siége.

Mardi, 8 novembre 1870.

Le point important est d'inquiéter l'ennemi jour et nuit dans ses positions. Dans ce but, Bicêtre, les Hautes-Bruyères, Vanves et le Mont-Valérien ont, de onze heures à minuit, lancé dans ses lignes des obus à grande portée.

Dans la matinée, le Mont-Valérien et le 6° secteur se sont concertés pour empêcher les travaux de l'ennemi à Montretout et atteindre ses réserves jusqu'à Garches et Ville-d'Avray.

Des renseignements certains ayant fait connaître que le feu des forts avait causé à l'ennemi, en un seul jour, dans le village du Bourget, une perte de 36 officiers et 400 hommes, ordre a été donné de concentrer de nouveau les feux sur ce point.

Parmi les morts se trouvent deux colonels, dont l'un commandant le régiment de la garde dit le *régiment de la reine*.

* *

Un décret, qu'on attendait ce matin, détermine d'une manière décisive la part d'intervention que doit avoir, dans cette lutte suprême, la garde nationale de Paris.

La population doit se préparer à la guerre à outrance, comme s'il n'avait jamais été question d'armistice ni de traité.

Voici ce décret qui a été affiché à midi.

Mobilisation de la garde nationale.

« Le gouvernement de la Défense nationale,

» Pour satisfaire, par des dispositions nouvelles, aux nécessités des opérations militaires et répondre aux vœux unanimement exprimés par la garde nationale,

» Décrète :

» Art. 1ᵉʳ. Chaque bataillon de la garde nationale sera composé, suivant son effectif, de huit à dix compagnies.

» Art. 2. Les quatre premières compagnies, dites *compagnies de guerre*, auront chacune un effectif de 100 hommes, cadre compris, dans les bataillons dont l'effectif est de 1,200 hommes et au-dessous, et de 125 hommes, cadre compris, dans les bataillons ayant plus de 1,200 hommes.

» Ces compagnies seront fournies par les hommes valides des catégories ci-dessous, en suivant l'ordre des catégories et en ne prenant dans l'une d'elles que lorsque la catégorie précédente aura été épuisée :

» 1° Volontaires de tout âge ;

» 2° Célibataires ou veufs sans enfants de 20 à 35 ans ;

» 3° Célibataires ou veufs sans enfants de 35 à 45 ans ;

» 4° Hommes mariés ou pères de famille de 20 à 35 ans ;

» 5° Hommes mariés ou pères de famille de 35 à 45 ans.

» Art. 3. Les autres compagnies destinées au service de la défense ayant, autant que possible, un effectif uniforme, comprendront le reste du bataillon. Elles constitueront le dépôt et fourniront les hommes nécessaires pour combler les vides faits dans les compagnies de guerre.

» Art. 4. Chacun des bataillons armés de fusils à tir rapide conservera un nombre de ces fusils égal à son effectif de guerre, et il en tiendra l'excédant à la disposition du commandant supérieur de la garde nationale, qui lui fera remettre en échange des fusils à percussion.

» Art. 5. Chacun des bataillons pourvus d'armes à percussion recevra un nombre de fusils à tir rapide égal à son effectif de guerre, et il remettra, sur l'ordre du commandant supérieur de la garde nationale, l'équivalent en fusils à percussion, pour remplacer les armes à tir rapide délivrées par d'autres bataillons.

» Art. 6. Dans chaque bataillon, chacune des quatre compagnies de guerre nommera son cadre, soit dans les cadres existants du bataillon, soit parmi les gardes qui la composent.

» L'effectif de ce cadre sera de :

» Un capitaine, un lieutenant, un sous-lieutenant, un sergent-major, un sergent-fourrier, quatre sergents, huit caporaux, un tambour et un clairon.

» Art. 7. Lorsque les quatre compagnies de guerre recevront l'ordre de participer aux opérations militaires, le commandement sera pris par le chef de bataillon, ou, à son défaut, par le plus âgé des capitaines de ces compagnies.

» Art. 8. Chaque chef de bataillon devra avoir remis à l'état-major général, avant le 11 novembre au soir :

» 1° L'état du personnel de ces quatre compagnies de guerre ;

» 2° Les procès-verbaux d'élections des cadres de ces compagnies ;

» 3° Le tableau exact de l'armement de son bataillon.

» Art. 9. Tout garde national qui se sera soustrait à l'exécution du présent décret sera considéré comme réfractaire et poursuivi comme tel.

» Art. 10. L'arrêté du 25 octobre 1870, sur la solde des bataillons de volontaires, est applicable aux compagnies de guerre qui font l'objet du présent décret.

» Art. 11. Les dispositions du décret du 16 octobre 1870 et de l'arrêté du 19 octobre 1870 sont rapportées en ce qu'elles ont de contraire au présent décret.

» Fait à Paris, le 8 novembre 1870.

> » Général Trochu, J. Favre, Emm. Arago,
> J. Ferry, Garnier-Pagès, E. Pelletan,
> E. Picard, Jules Simon. »

Cinquante-deuxième journée de siége.

Mercredi, 9 novembre 1870.

Bourrasques pendant toute la nuit, avec accompagnement de canonnade à l'est et à l'ouest.

Les Prussiens, en même temps qu'ils travaillaient à l'achèvement de leurs batteries, ont fortifié particulièrement deux positions, celle de Châtillon qui domine les forts d'Issy et de Vanves, où ils amènent chaque jour du canon, et celle du Bourget, pour relier solidement ses lignes du nord.

Notre récente tentative sur le Bourget semble avoir encore décidé l'ennemi à augmenter l'effectif des troupes d'élite rassemblées dans les villages environnants.

Cette région, très-montueuse et très-accidentée, offre de nombreux mamelons que l'ennemi a utilisés pour y masser le parc d'artillerie de l'armée du prince royal de Saxe.

A Montfermeil même, au point dit Bellevue, une batterie de position bat la route de Metz d'un côté, et le chemin de fer de Strasbourg de l'autre.

Au Raincy, sur le contre-fort nommé le Rocher, des pièces de campagne se tiennent d'une manière permanente pour surveiller le plateau d'Avron occupé par nos campements.

*
* *

Si je suis encore manchot, j'ai toujours de bonnes jambes, et j'ai pu, dans la journée, qui est d'un calme parfait, m'approcher assez près du village de Bondy, pour juger de l'état déplorable dans lequel il se trouve ; l'auberge du *Cygne-de-la-Croix*, qui est à l'entrée de la rue Saint-Denis, a été littéralement coupée en deux ; les débris de toute espèce montent jusqu'à la hauteur du premier étage. Tandis que la façade, qui donne sur la route de Paris, est restée extérieurement en bon état, la partie qui donne sur Bondy s'est entièrement effondrée, et laisse à découvert l'intérieur de l'auberge. On aperçoit parfaitement l'escalier brisé, et l'entrée des chambres du second et du troisième étage. Les murs sont noircis, mais, chose singulière à noter, l'enseigne de fer-blanc, restée intacte, continue à se balancer au gré du vent.

*
* *

Parmi les gardes mobiles qui ont été tués depuis le commencement du siége, on compte six élèves de l'Ecole des beaux-arts.

*
* *

Tous les gentlemen américains, attachés volontaires de l'ambulance américaine organisée sur un grand pied par le docteur Thomas W. Ewans, ne songent pas à quitter leur poste. Ils sont là trente citoyens américains, banquiers, négociants ou simples touristes, qui continuent à venir, chaque matin, prendre leur tour de service. Deux escouades, de quinze gentlemen chacune, sous les ordres des capitaines Bowles et Riggs, sont prêtes, chaque jour à huit heures, à courir sur les champs de bataille des environs de Paris, à rapporter les blessés et à venir les installer dans l'ambulance américaine, qui a été dotée, par le docteur Ewans, de chariots, tentes et ustensiles divers en usage dans les armées américaines.

**

La bourse est toujours très-ferme, on aurait cru que le décret de mobilisation de la garde nationale enlèverait à ceux qui croient encore à l'armistice leurs dernières illusions, le cours de la rente prouve qu'il n'en a rien été.

BOURSE DE PARIS DU 9 NOVEMBRE

VALEURS DIVERSES	Cours préc.	Dern. cours.	Hausse.	Baisse.
Rente 3 0/0	53 10	53 05	. . .	. 05
Rente 4 1/2 0/0. . .	59 25	.. ..	. . .	. ..
Emprunt 1870 . . .	53 75	53 90	. 15	. ..
Consolidés.	92 3/8	.. ..	. . .	. ..
Emprunt italien. . .	58 60	53 75	. 15	. ..
Espagne ext. 3 0/0. .	25 ..	.. ..	. . .	. ..
Banque..	2265 ..	.. ..	. . .	. ..
Foncier	900 ..	910 ..	10 ..	. ..
Crédit agricole. . .	.. ..	.. ..	. . .	. ..
Société générale.. .	460 ..	457 50	. . .	2 50
Crédit industriel, est.	615 ..	.. ..	. . .	. ..
Foncier d'Autriche. .	800 .	.. ..	. . .	. ..
Crédit mobilier. . .	115 ..	116 25	1 25	. ..
Comptoir d'esc., est.	570 ..	565 ..	. . .	5 ..
Comp. immobilière. .	57 50	.. ..	. . .	. ..
Canal de Suez . . .	240 ..	240 ..	. . .	. ..
Lyon.	847 50	840 ..	. . .	7 50
Nord.	990 ..	983 75	. . .	6 25
Orléans	800 ..	.. ..	. . .	. ..
Midi	550 ..	.. ..	. . .	5 ..
Autrichien	695 ..	700 ..	5 ..	. ..
Lombards.. . . .	360 ..	367 50	7 50	. ..
Gaz..	730 ..	735 ..	5 ..	. ..

Cinquante-troisième journée de siége.

Jeudi, 10 novembre 1870.

Cette nuit, malgré la brume et la pluie, quelques troupes en reconnaissance se sont avancées jusqu'à Saint-Cloud. Pas l'ombre d'un Prussien dans le château, dont, en définitive, il reste encore la majeure partie, l'incendie du 14 octobre n'ayant détruit que les combles et les communs. Sur toute la ligne de Montrouge à Aubervillers et Romainville, nos canons n'ont cessé de tirer sur les positions ennemies.

Je suis allé, dans la matinée, jusqu'au fort de Nogent, où l'on s'attend d'un moment à l'autre à une attaque des Prussiens. Depuis deux jours la troupe est sous les armes.

De la Pépinière à Gravelle, l'ennemi a élevé des batteries formidables, et nos officiers d'artillerie estiment à 120 le nombre des pièces qui menacent la Faisanderie et le fort de Nogent.

On tiraille continuellement dans la plupart des avant-postes. Aujourd'hui, dans un engagement d'avant-garde, du côté de la Malmaison, un caporal de francs-tireurs, nommé Lafond, a été atteint d'un coup de feu : il allait rester au pouvoir de l'ennemi, lorsque M. Muller, attaché à la Société internationale, s'élança à travers une grêle de balles, et l'emporta sur ses épaules jusqu'à l'ambulance de Rueil. Dans l'après-midi, l'ennemi a abattu une partie du mur du cimetière de Choisy-le-Roi et a démasqué une nouvelle batterie. Pour revenir au Val-de-Grâce, où j'ai repris domicile, j'ai suivi le chemin des écoliers; à quatre heures, j'étais sur la route de Montrouge à Bagneux, d'où j'ai pu admirer la patience de MM. les Prussiens; j'ai suivi de l'œil, pendant près d'une heure, les boulets et les obus lancés sur les maisons du village où ils se sont réinstallés, et ils ne ripostaient de nulle part.

Tout le monde s'en mêle ! les enfants de troupe demandent à aller au feu.

**

La Seine, en bonne Française, va concourir à notre défense : elle s'est élevée d'un mètre depuis hier, et aujourd'hui elle charrie de nombreux débris, qui paraissent provenir de ponts prussiens.

Je termine la journée par le prix courant de certaines denrées.

Jambon fumé (le kilog.).	16 fr.	»
Saucisson de Lyon (le kilog.)	32	»
Viande de cheval (le kilog.).	2	50
Viande d'âne ou de mulet (le kilog.). .	6	»
Une oie.	25	»
Un poulet.	15	»
Une paire de pigeons.	12	»
Une dinde.	55	»
Un lapin	18	»
Une carpe.	20	»
Une friture de goujons.	6	»
Une douzaine d'œufs.	4	»
Un chou.	1	50
Un chou-fleur.	2	»
Une botte de carottes.	2	25
Une livre de haricots.	5	»
Une livre de beurre frais.	45	»
Une livre de beurre salé.	14	»

Cinquante-quatrième journée de siége.

Vendredi, 11 novembre 1870.

. Aucun engagement sérieux n'a été signalé pendant la nuit. Ce matin à l'ouverture de la porte de Châtillon, on a vu arriver des terrassiers français qui avaient été pris de force et contraints de travailler aux ouvrages ennemis : c'est à la faveur du brouillard qui a régné toute la nuit qu'ils ont pu s'échapper.

Ce matin, deux fortes colonnes prussiennes, infanterie et cavalerie, se dirigeaient de Choisy-le-Roi à Versailles. Assaillies dans leur marche par nos tirailleurs (mobiles et francs-tireurs), elles ont été mises en désordre, et ont eu, de plus, à essuyer une canonnade très-vive de nos batteries du Moulin-Saquet, du fort de Bicêtre et du fort de Montrouge.

Les canons des batteries prussiennes sont restés silencieux : ils auraient tiré sur leurs soldats.

Les colonnes harassées de fatigue, venant de Melun à marches forcées, se sont faiblement défendues, et n'ont pas offert la résistance que nos troupes ont rencontrée si souvent. Leurs pertes sont considérables. On parle de 1,500 hommes hors de combat. Les nôtres sont insignifiantes.

Les renforts envoyés de Choisy au secours de ces colonnes ont eu à subir le feu de nos forts. Une batterie de mitrailleuses, postée au Moulin-Saquet, leur a fait beaucoup de mal et les a forcés à la retraite.

Les gardes mobiles de Bretagne conjointement avec la troupe de ligne occupent les tranchées de Villejuif à Vitry.

*
* *

Il y avait plusieurs jours que je n'avais eu de nouvelles de mon cousin Kergonnou, et j'ai profité de ma convalescence pour aller lui rendre visite. Je suis, ma foi, arrivé au bon moment, la marmite chantait sur le feu et une odeur appétissante de soupe aux choux flattait agréablement l'odorat. Du côté de l'ouïe, ça laissait peut-être à désirer, car j'ai toujours trouvé que les fusils prussiens jouaient faux. Mais, bah ! à la guerre comme à la guerre, et la mauvaise musique ne m'a pas empêché de trouver la soupe bonne.

*
* *

La batterie prussienne élevée à l'entrée de Choisy se compose, autant qu'on peut en juger, à l'aide des jumelles de marine, de dix pièces de 18 et de 24 : les canons sont superposés sur

deux rangs et protégés par des épaulements en terre surmontés
de sacs.

Vers midi, au moment où je revenais à Paris, on entendait
le canon dans la direction de Bondy ; on tirait aussi du côté de
Saint-Denis et du fort de la Briche. Quant au Mont-Valérien,
la grosse voix de son artillerie n'a pas cessé de se faire entendre
de toute la journée. Il canonne les ouvrages de l'ennemi et
porte le désordre dans les colonnes en mouvement sur la route
de Versailles.

*
* *

L'administration des postes met en vente, à compter d'aujourd'hui, au prix de cinq centimes, des cartes que les habitants de Paris inséreront dans les lettres adressées par eux aux
personnes dont ils désirent des réponses.

Les dépêches pourront consister en quatre réponses par *oui*
et par *non :* la personne qui me communique cet avis pourrait
avoir assez mal compris la combinaison nouvelle, car voici les
quatre demandes qu'elle adressera ce soir à sa femme absente,
demandes auxquelles elle devra répondre par *oui* ou par *non.*

1° Comment te portes-tu?

2° Combien le bébé a-t-il de dents?

3° Quels draps faut-il prendre?

4° Où as-tu serré le clyso.....?

Cinquante-cinquième journée de siége.

Samedi, 12 novembre 1870.

La pluie n'a pas cessé de tomber cette nuit ; il faisait un temps
à ne pas mettre un.... Prussien dehors, et cependant l'ennemi
n'a eu garde de laisser échapper cette occasion de tenter un
coup de main. Il s'est avancé jusqu'à Villetaneuse, où se trouvaient nos grand'gardes ; quelques coups de feu ont été échangés sans que l'affaire ait pris un caractère sérieux.

Dans la matinée, à la faveur d'une éclaircie, on a pu juger

de l'effet de la canonnade dirigée hier dans la journée et pendant toute la nuit sur les ouvrages prussiens; deux pièces de la redoute de Garches ont été démontées et tous les épaulements en avant du village complétement bouleversé. A neuf heures, les Prussiens ont fait flotter le drapeau d'ambulance, et peu après, ils sont venus relever leurs morts et leurs blessés.

J'ai voulu me rendre compte par moi-même des travaux de défense entrepris dans Paris, et j'ai visité les immenses ateliers du chemin de fer du Nord; là, j'ai vu de formidables canons de marine se chargeant par la culasse; cent cinquante canons seront terminés demain, plus sept cents projectiles pour le service des pièces.

Quand on veut se payer l'odeur de la poudre, c'est au moulin Cachan qu'il faut aller.

Il ne se passe pas un jour sans que les ambulances n'y aient à recueillir des blessés ou des morts; c'est que les Prussiens ne sont pas à plus de deux cents mètres. C'est la 6ᵉ compagnie du 1ᵉʳ bataillon des mobiles du Puy-de-Dôme qui est venue hier soir prendre possession de ce poste périlleux. Tout en y entrant, un loustic a écrit sur la porte :

DÉFENSE QUE LES PRUSSIENS RENTRE ISI DE DENT.

M. Gustave Fould, ancien député, organise en ce moment un escadron de *volontaires de la France*, qui marchera sous les ordres du général Ducrot.

La neige qui tombe depuis ce matin a complétement blanchi les murs du Mont-Valérien, qui, de loin, prend l'aspect d'un immense morceau de sucre auquel voudrait bien mordre M. de Bismarck ; mais il est trop dur pour la dent qu'il a contre nous.

M. Auber n'a pas quitté Paris, comme on l'avait affirmé.

Nous voilà entrés dans la seconde période de la crise alimen-

taire que nous sommes menacés de subir. Jusqu'à présent, il
n'était que difficile de pourvoir aux besoins de chaque jour, et
l'on arrivait plus ou moins facilement à la solution du pro-
blème, selon que l'on avait la bourse plus ou moins garnie.

Aujourd'hui tout devient plus rare, les denrées et l'argent :
les denrées, par suite de la consommation continue sans pro-
duction ; l'argent, en raison de l'absence de tout commerce
extérieur.

J'ai vu aujourd'hui, chez un marchand de comestibles,

        Quelques perdreaux, à 15 fr. pièce.
        Deux lièvres,   à 35 fr.   id.
        Trois faisans,   à 45 fr.   id.
        Six pintades,   à 12 fr.   id.

Cinquante-sixième journée de siége.

Dimanche, 13 novembre 1870.

La pluie et la neige nous prêtent leur concours. Cette nuit,
à Châtillon, les Prussiens ont voulu s'attaquer à notre face :
une pièce fut pointée sur nos remparts ; le coup partit, mais
le recul produisit cet effet, que le canon s'embourba dans les
terres rapportées et délayées par la pluie. Il faudra le secours
de plusieurs chevaux pour sortir ce canon du cloaque où il est
encore ce matin.

Aujourd'hui le temps est charmant : le soleil, qui s'est rap-
pelé que les Parisiens aiment à se promener le dimanche, les
gratifie de ses plus beaux rayons. Aussi quelle foule aux barrières ; on dirait que les bons bourgeois se sont décidés à faire
une sortie en masse... appuyés par des forts qui, dès la pointe
du jour, tonnent à qui mieux mieux ; d'un côté c'est Montrouge,
Vanves et Bicêtre qui canonnent dans la direction de Châtillon et de l'Hay, où se poursuivent, malgré l'acharnement que
nos marins mettent à les détruire, les ouvrages que nos ennemis
tentent vainement d'achever ; de l'autre ce sont les forts de

Noisy et de Romainville qui criblent de boulets le bois de Ville-momble et le parc de Raincy. Dans la presqu'île de Gennevil-liers tout est calme; Saint-Ouen a été visité toute la journée par une masse de promeneurs.

J'ai rencontré, sur le bord de la Seine, plusieurs camarades en permission : l'un d'eux, qui venait du côté de Meudon, m'a dit qu'à la jonction de la route traversant Clamart à angle droit et se dirigeant vers le Bas-Meudon s'élèvent maintenant de formidables barricades.

⁎

Dans la soirée, un engagement a eu lieu entre le village de la Rue et celui de Cachan. Un corps prussien venant de Choisy-le-Roi s'est avancé sur l'Hay pour prendre à revers nos ouvrages. Quelques obus envoyés à propos les ont forcés à effectuer une retraite qu'on peut appeler une véritable déroute, car ils ont laissé sur le terrain plus de 50 morts et 80 blessés.

Cinquante-septième journée de siége.

Lundi, 14 novembre 1870.

Nuit tapageuse.

Ce matin, un journal qui se crie dans les rues avant le jour assurait qu'hier soir le fort de Nogent avait été attaqué, bom-bardé, et se trouvait présentement entouré par l'ennemi.

Si je me suis fait reporter, ce n'est pas pour reproduire des nouvelles douteuses, et je devais à mes futurs lecteurs de véri-fier un fait aussi capital. Rien de semblable ne s'était passé. Grâce à sa position admirable, le fort de Nogent n'a rien à craindre.

⁎

A sept heures, les forts du Sud recommençaient le feu contre les ouvrages de l'ennemi.

A onze heures, Vanves et Montrouge reprenaient l'œuvre de destruction.

A midi, une petite affaire d'avant-poste semblait engagée sur le coteau, à gauche du Mont-Valérien.

Nos armements deviennent formidables. Soixante pièces de canon défilaient hier dans le quartier de Grenelle. Les curieux se pressaient pour voir, dans ce défilé, une énorme pièce de marine, la *Sainte-Clotilde*, qui va prendre position dans une des nouvelles redoutes du Sud. Cette puissante rivale de la fameuse *Joséphine* était traînée par douze chevaux.

*
* *

Dans la journée, le général Trochu est allé visiter les travaux considérables exécutés pour l'achèvement de la redoute des Hautes-Bruyères, près de Villejuif. La redoute des Hautes-Bruyères a une énorme importance pour la défense de Paris. Une chaussée pavée rend son accès facile à l'artillerie, et elle porte aujourd'hui trois étages.de canons qui en font une véritable forteresse.

*
* *

Vers cinq heures, le Mont-Valérien a tiré sur Saint-Cloud, et la besogne a été d'autant plus facile que deux incendies, allumés de nouveau par nos bombes, servaient de point de mire à nos artilleurs.

En avant du fort, il y a eu un engagement assez sérieux. Les Prussiens descendaient dans la plaine en forces relativement considérables. Un instant, nos avant-postes ont dû se replier; mais, vigoureusement soutenus par les mobiles, ils n'ont pas tardé à reprendre l'offensive, et la fusillade a pétillé sur toute la ligne.

*
* *

Enfin une bonne et heureuse soirée.

La population, joyeuse, se presse aux portes des mairies où l'on vient d'afficher une dépêche de Gambetta.

— Lisez, lisez tout haut, criaient des milliers de voix.

Je joue du seul coude que j'aie disponible, et bientôt j'ai la satisfaction de lire de mes propres yeux, sur le papier blanc de l'administration, ces mots qui semblent tracés en lettres de feu :

La victoire d'Orléans.

Elle existe donc, l'armée de la Loire? Vive l'armée de la Loire !... alors. Si le gaz n'avait été si rare, je crois qu'on eût illuminé tant était grande l'allégresse générale.

Cinquante-huitième journée de siége.

Mardi, 15 novembre 1870.

Je me disposais, ce matin, à entreprendre une grande tournée *extra-muros*, et j'allais franchir la grille de l'hôpital, lorsque je me trouvai nez à nez avec le chirurgien en chef du Val-de-Grâce.

— Où allez-vous encore? me demanda-t-il d'un ton sévère. Vous tenez donc absolument à vous faire couper le bras ?

On comprendra facilement que cette question faite à brûle-pourpoint, jointe à un certain engourdissement dans le coude, dont je m'étais plaint la veille à un infirmier, et qui persiste, dut modifier mes projets de promenade ; je me contentai d'aller acheter quelques journaux, et je regagnai l'infirmerie l'oreille basse ; mais heureusement, dans la journée, les visites ne me firent pas défaut, et j'appris que, dans la nuit, une reconnaissance, conduite avec habileté par le commandant Poulizac, du 1er régiment des éclaireurs, avait chassé l'ennemi de ses avancées, du côté de Drancy.

Le capitaine de Kergalec a chargé, avec M. de Versinville, à la tête des éclaireurs à cheval, et a fait plusieurs prisonniers.

J'ai encore recueilli les nouvelles suivantes :

Tous les forts du Sud n'ont cessé de tirer sur les ouvrages de l'ennemi, en avant de Châtillon et de Bagneux. Ils ont dû y faire de nouveaux dégâts, puisque des vingt-huit canons qui apparaissaient sur cette redoute, on n'en aperçoit plus que sept ou huit ; les autres ont disparu sans doute sous les décombres qui les couvrent.

Les forts de Montrouge, Vanves, Issy ont aussi donné vigoureusement.

C'est surtout la redoute des Hautes-Bruyères qui dirige un feu nourri sur les Prussiens.

****

Aujourd'hui, l'ennemi s'est montré de nouveau dans Champigny; débusqué par le feu des mitrailleuses, il s'est réfugié dans les tranchées, au milieu desquelles des obus du fort de Nogent sont venus tomber et l'ont obligé à battre en retraite.

Les canons de la Faisanderie ont dispersé un détachement d'une cinquantaine de Prussiens réunis derrière la barricade de Champigny.

Un obus tiré sur la maison de M. Cazenave, au-dessous et à droite de Chennevières, et désignée sous le nom de *pension des officiers prussiens*, est allé tomber au milieu de la cour entre deux ailes du bâtiment, au moment où un certain nombre de ces officiers s'y trouvaient réunis, et y a occasionné un grand désordre. Aussitôt après, on a remarqué un mouvement de va-et-vient dans les cours. Des hommes ont paru occupés à relever des morts et des blessés.

****

Un garde national, poussé à l'expansion par la prise de quelques canons (rien de ceux des Prussiens), disait hier soir à son fusil, qu'il portait dans ses bras comme un enfant :

— Moi, te lâcher... jamais!... Qu'ils y viennent me le prendre!... Mais tu es un père pour moi!... Tu me donnes trente sous par jour !... Qu'est-ce que je dis? mon père!... tu es mieux que cela!... tu es mon atelier national !...

Des groupes se renouvelant sans cesse ont stationné aujourd'hui devant la porte d'entrée du baraquement des mobiles du Loiret, boulevard Rochechouart.

Ce qui motivait cette curiosité, c'était un chien dépouillé et décapité, suspendu devant la porte et arrangé avec le goût n que les bouchers accordaient à leurs moutons lorsqu'il

y avait des moutons. Un écriteau indique le prix de l'animal ;
il est côté 20 fr.

Au-dessus de la porte se balance une grande pancarte, sur
laquelle on lit :

GRANDE BOUCHERIE HIPPOPHAGIQUE
Canine et féline.

Cinquante-neuvième journée de siége.

Mercredi, 16 novembre 1870.

Pendant toute la nuit, les forts de Bicêtre, de Montrouge,
de Vanves et d'Issy n'ont fait que canonner les travaux des
Prussiens. Les lumières électriques, projetées sur leurs lignes,
de ces quatre forts ont pu mettre à jour les positions de l'ennemi : pas un seul de leurs détachements n'a paru, ni dans la
plaine ni sur les hauteurs de Châtillon ; ce qui a fait supposer
que cette absence dénotait ou une tactique à l'usage de **M. de
Moltke**, qui cache ses gens jusqu'au moment où il les produit
subitement sur le champ de bataille, ou bien que les Prussiens,
obligés d'envoyer des troupes de secours à la division chassée
d'Orléans et poursuivie par notre armée de la Loire, ne se trouvaient pas en force sur ce point.

* *

Un mobile de la Seine (Louis Klein), faisant partie du 5ᵉ bataillon, a été blessé cette nuit aux avant-postes du côté de Villejuif. Entré ce matin à l'ambulance du Val-de-Grâce, il m'a
raconté qu'entre le Moulin-Saquet et la barricade de la grande
rue de Villejuif, on voit une petite maison blanche située à
environ 1,600 mètres de la route qui conduit de Villejuif à
Ivry. C'est le réservoir de Thiais dont les Prussiens ont fait le
poste le plus avancé de ce côté de nos lignes. Rien n'est plus
curieux que de voir à ce poste avancé les sentinelles se relever.
Le même fusil sert à celles qui se succèdent. Celle qui doit
relever arrive à quatre pattes, l'autre s'en retourne de même.

Quand, dans le trajet qui sépare la porte du réservoir de la tranchée où est placée la sentinelle, celle-ci, qui marche à quatre pattes, se voit visée par une des nôtres, elle se couche à plat ventre, la face contre terre.

C'est une de ces sentinelles dont il ne s'est pas assez méfié qui a envoyé, au susdit Louis Klein, une balle dans la cuisse.

*
* *

Les troupes prussiennes postées en avant de Choisy-le-Roi et de Thiais se couvraient depuis deux jours du drapeau blanc qui indique une suspension d'armes. Sommés de déclarer ce que ce signal voulait dire, les avant-postes répondaient que les hostilités étaient suspendues, que leurs chefs avaient admis l'armistice, que leurs troupes ne voulaient plus continuer une lutte qui n'était prolongée que par l'obstination du gouvernement de Paris. Ces propos n'étant fondés sur rien, le gouverneur de Paris n'y a vu qu'un moyen de ralentir l'ardeur de nos troupes, et de les amener peu à peu au relâchement. Des ordres ont été donnés en conséquence, et le feu a été rouvert avec une grande énergie sur les corps ennemis qui ne pouvaient invoquer aucune suspension.

*
* *

La maraude aux environs de Paris continue à faire de nombreuses victimes. C'est ainsi que, dans la journée, une vingtaine de personnes, hommes et enfants, ont été tuées ou blessées à la lisière de la forêt de Bondy.

Une ambulance de Belleville, dirigée par M. l'abbé Raymond, s'est particulièrement signalée dans l'enlèvement de ces blessés. Elle en a ramené dix-huit, dont deux sont morts depuis. La conduite de M. l'abbé Raymond, prêtre de l'église Saint-Jean-Baptiste de Belleville, mérite tous les éloges pour le courage et le sang-froid dont il a fait preuve en s'avançant seul jusqu'à cinquante mètres des Prussiens pour relever le corps d'un jeune homme de dix-huit ans, tué sur place.

*
* *

La légion des Amis de la France qui, depuis le 19 septembre,

était sous les ordres de l'amiral Cosnier, commandant le 4° secteur, vient, sur sa demande, d'être mobilisée, et part demain
pour aller prendre un service d'avant-poste sous les ordres du
général d'Exéa.

*
* *

Au début de la guerre, les peintres de Barbizon avaient
organisé une loterie artistique au profit des blessés.

Cette petite loterie vient de se fondre dans une grande loterie
nationale. Parmi les œuvres les plus remarquables, on cite une
magnifique toile de Corot, *Saint-Sébastien assisté par les saintes
femmes,* tableau qui marqua à l'Exposition universelle de 1867.

*
* *

En attendant qu'on ait taxé la viande de rat, les commerçants
qui ont eu l'idée de la mettre au rang des comestibles font des
affaires d'or.

A Belleville on a entendu le dialogue suivant :

— Combien votre rat, monsieur? demandait une dame au
négociant.

— C'est vingt sous, madame.

— Vingt sous !... vous n'y songez pas ; mais c'est horrible-
ment cher !

— Ah ! madame, c'est qu'il y a rat et rat ; si vous voulez du rat
de maison, du rat de décombres, vous en aurez pour cinq sous,
et peut-être moins ; mais moi, je ne vends que du rat d'égout ;
c'est bien plus gras, parce que c'est mieux nourri ; ainsi celui
que vous voyez là, je l'ai pris dans un tas d'ordures !

Soixantième journée de siége.

Jeudi, 17 novembre 1870.

Quatre braves compagnons se sont aventurés cette nuit du
côté de Saint-Cloud ; ils ont traversé la Seine en aval du pont,
et ne rencontrant pas d'obstacles, ils ont poussé jusqu'au château qui leur paraissait abandonné. Soupçonnant quelques

piéges, ils y pénétrèrent avec précaution et purent s'assurer
qu'il ne renfermait pour le moment aucun Prussien. Sachant.
alors ce qu'ils voulaient savoir, ils prirent une carte de visite,
sur laquelle ils écrivirent ceci :

A S. M. le roi Guillaume

G. de Laleu, capitaine ;
Biadelli,
De Cuvillon,
De la Vingtrie.
Le 17 novembre, 4 heures 2 minutes du matin.

Puis, arrachant une pointe à un treillage, ils clouèrent cette
impertinente inscription avec le pommeau d'un révolver, au
beau milieu de la porte, à l'extérieur, et reprirent le chemin
de Paris.

* *

La journée est très-calme, le canon ne se fait entendre d'aucun côté ; il se repose pour recommencer sans doute ce soir
de plus belle.

* *

Les convalescents sont, en général, assez bavards, et depuis
qu'on sait au Val-de-Grâce que j'écris un journal, c'est à qui
me racontera quelque chose de drôle.

Dans l'impossibilité de tout reproduire, je prends au hasard
parmi ce qui m'a semblé rentrer plus particulièrement dans
mon sujet.

Le citoyen Flor O'Squarr, qui fait partie du bataillon des
Amis de la France, demande un laisser-passer.

— En quelle qualité ? interroge le scribe.

— En qualité d'éclaireur.

— Très-bien, fait l'employé.

Depuis ce jour-là, Flor O'Squarr montre à tous les passants
son laisser-passer ainsi conçu :

LAISSEZ PASSER M. FLOR O'SQUARR
Eclairage de la ville de Paris.

Deux épiciers causent politique.

— Vous savez, dit l'un, après avoir pris Orléans, l'armée de la Loire s'est emparée d'Etampes, demain elle occupera Juvisy...

— Eh mais ! eh mais ! fait l'autre, si les Prussiens ne l'arrêtent pas, elle va s'emparer de Paris !

Soixante et unième journée de siége.

Vendredi, 18 novembre 1870.

Cette nuit, on a entendu une canonnade assez vive engagée dans la direction de Saint-Cloud. Kergonnou, qui est venu dans la matinée prendre de mes nouvelles, me raconte ce qui s'est passé.

Vers trois heures du matin, nos avant-postes furent étonnés d'entendre tout à coup une canonnade assez vive engagée du côté de Ville-d'Avray. Une lueur d'incendie se fit même remarquer dans les bois, vers l'extrémité la plus rapprochée de Versailles.

Grand émoi ; aussitôt estafettes de courir pour savoir ce qu'il y avait à faire. Fallait-il, en effet, croire qu'un corps français attaquait l'ennemi à revers? Rien ne pouvait faire croire sérieusement à l'arrivée, à cet endroit même, d'un corps d'avant-garde d'aucune armée de secours ; il fut décidé qu'il valait mieux ne pas bouger.

Les Prussiens en ont été pour leur ruse et leur poudre brûlée.

*

Pendant mon séjour à l'hôpital, j'ai eu l'occasion de faire connaissance avec le fils de M. Amédée de Bast. Ce jeune homme, qui fait partie du 14e bataillon de la garde mobile, a été blessé grièvement au combat du Bourget. Je viens de lui faire mes adieux, devant aller demain matin reprendre mon service, par ordre du chirurgien.

L'ennemi, toujours régulièrement informé de nos faits et gestes, connaissait plusieurs heures à l'avance le départ de nos

ballons, et leur envoyait, depuis quelque temps, des fusées in-
cendiaires qui exposaient les aéronautes aux plus graves dangers.
Le général Trochu a décidé qu'à l'avenir les départs auraient
lieu de nuit : ce soir donc a commencé le gonflement du ballon
le *Général-Uhrich*.

Grâce aux pigeons, que nous aimerions tant manger aux
petits pois, voilà près d'un millier de dépêches reçues en trois
jours par les Parisiens.

Elles donnent des nouvelles de plus de dix mille personnes.

Rien, hélas ! de ma chère grand'mère.

Dans la soirée, pendant que j'étais en train de me faire ra-
ser, une jeune fille se présente chez le coiffeur ; elle est belle,
mais belle à désespérer Mme de Noé.

— Que désirez-vous, mon enfant ? lui demanda le Lespès en
chef.

— Mettez à prix ma chevelure, répond la blonde fillette.

— Quoi ! mes ciseaux scalperaient ces flots d'or ?

— Vous le pouvez, monsieur, j'en ai fait le sacrifice, je veux
que le prix que vous m'en donnerez aide à fondre un canon pour
la défense nationale !

Soixante-deuxième journée de siége.

Samedi, 19 novembre 1870.

Le fort d'Ivry a canonné les positions prussiennes de l'Hay,
de minuit à une heure du matin. L'artillerie ennemie a répondu
sans succès.

Cette nuit, la plupart des gens croyaient que Paris s'était lui-
même patriotiquement incendié ; car de six heures et demie à
huit heures un quart, le ciel était tout en flamme. En réalité
c'était seulement une aurore boréale intense qui nous visitait.

En sortant ce matin de l'hôpital du Val-de-Grâce, j'étais allé
me mettre à la disposition de mon chef de bataillon. Il paraît
que je ne paye pas de mine, car il m'a conseillé de prendre

encore quelques jours de repos. Taillons donc notre crayon, et glanons de droite et de gauche.

Le général Trochu a fait avertir la Commission des barricades d'avoir à se tenir en permanence. On croyait aujourd'hui à une vive attaque de l'ennemi.

Je reviens du bois de Boulogne, et j'ai visité la porte d'Auteuil. Elle sert depuis quelques jours aux compagnies de francs-tireurs de ligne, qui y font l'exercice de tirailleurs.

Malgré le froid et le mauvais temps, les mobiles conservent leur gaieté. J'en ai vu qui jouaient à des jeux de collégiens, barre, ballon, etc., tandis que d'autres s'occupaient des soins plus sérieux de *la popotte*, et se disposaient à faire, de trois magnifiques... chats, une gibelotte dont on se réjouissait par anticipation.

Les trois peaux de ces animaux ont été empaillées et suspendues en haut d'une tente, sur laquelle on peut lire :

Spécialité de lapins de gouttières,

PRIX MODÉRÉS.

***

Toujours par l'entremise de nos braves pigeons, une personne a reçu de son neveu, en ce moment en province, une dépêche ainsi conçue : *Je suis à l'armée du Midi.*

Nous avons donc en ce moment : l'armée de la Loire, l'armée de Lyon, l'armée du Midi, l'armée du Nord, l'armée de Bretagne, l'armée de Normandie.

Avis aux Prussiens.

***

On parle depuis quelques jours d'une grande sortie à laquelle se préparent nos généraux.

Un orateur de club (qui pratique ce précepte trop répandu : « La propreté n'est pas une vertu républicaine; à preuve Marat : il n'a pris qu'un bain, et il en a aussitôt été puni ! ») hurle et gesticule.

— Et nous sortirions ! ! !...

— Non ! non ! non ! de toutes parts.

— Et nous serions les soldats de ce vil pouvoir dont le mot d'ordre est : les femmes aux boucheries et les hommes à la boucherie !

Soixante-troisième journée de siége.

Dimanche, 20 novembre 1870.

Pendant la nuit, une trentaine de coups de fusil, tirés sur nos sentinelles avancées du moulin de Cachan, firent prendre les armes. Les officiers, soupçonnant un piége, recommandèrent à leurs hommes le plus grand silence; aucune cartouche ne fut brûlée, et la nuit fut relativement calme.

A sept heures, à la relevée des sentinelles, quelques coups de fusil furent échangés.

A dix heures, le brouillard sembla s'éclaircir; les hommes de garde aperçurent distinctement une nouvelle barricade faite par les Prussiens pendant la nuit, à trois cents mètres en avant de celle qu'ils avaient hier.

**

Ce matin, le Mont-Valérien ne s'est pas fait entendre comme à l'ordinaire; les batteries du Point-du-Jour sont également restées muettes.

Du reste, hors de Paris, le brouillard était tellement intense, qu'il était impossible de voir quoi que ce soit à la plus petite portée, et à Billancourt, on ne distinguait rien d'une rive de la Seine à l'autre.

Le général Vinoy est allé visiter, à trois heures de l'après-midi, les travaux qui se font en avant du Moulin-Saquet, dans la direction de Choisy.

Sur ce dernier point, les Allemands ont triplé leurs postes.

**

A la chute du jour, les spahis et les chasseurs d'Afrique ont fait une reconnaissance en avant de Vincennes, mesure de pré-

-caution dictée par l'épais brouillard qui nous enveloppe depuis ce matin.

*
* *

Jusqu'à présent j'ai peu parlé des ambulances privées : il s'en trouve dans tous les quartiers de Paris, et elles sont dues presque toutes à l'initiative de nos Parisiennes.

C'est uniquement de peur d'oublier quelqu'un que j'ai pris le parti de ne plus parler de personne.

*
* *

Un officier de marine de ma connaissance, esprit sérieux et méthodique s'il en fut, disait aujourd'hui en parlant de la rupture de l'armistice :

— Si M. Jules Favre a *écrit* : « Pas *un pouce* de notre territoire, » cette héroïque mais imprudente formule n'a aucune valeur légale.

En effet, le *pouce* est une mesure abrogée ; la France ne reconnaît que le système métrique.

Soixante-quatrième journée de siége.

Lundi, 21 novembre 1870.

Le feu a été très-vif, pendant une partie de la nuit, contre les positions du Bourget.

*
* *

A huit heures du matin, des Prussiens vêtus de blouses et de pantalons de toile, dissimulant leurs armes, et favorisés par la foule de maraudeurs qui couvraient la plaine, se sont glissés le long de la berge du canal de l'Ourcq, ont tiré presque à bout portant sur une sentinelle avancée du 1er régiment d'éclaireurs, à nos premiers retranchements.

Pendant une partie de la journée, une vive fusillade a eu lieu sur le front de nos lignes du sud ; mais le canon ne s'est pas fait entendre.

*
* *

Le bataillon de Saint-Malo, caserné aux Tuileries depuis la journée du 31 octobre, est parti pour Tilmont, près de Montreuil, où il campe sous la tente et où il remplace deux bataillons du Tarn.

On sait que c'est à l'obligeance de M. Persin, capitaine du palais, que ces braves Bretons avaient dû d'assister à la messe dans la chapelle des Tuileries. Aussi, avant son départ, le corps d'officiers, commandé par M. Lessard, a-t-il offert à M. Persin un déjeuner d'adieu dans lequel figurait, comme pièce de résistance, une oie magnifique, achetée... 65 francs ! et dont la facture, soigneusement conservée, deviendra dans l'histoire de Bretagne une page légendaire du siége de Paris.

Ajoutons, pour terminer, car ceci est encore de l'histoire, que sur 75 bataillons accourus à la défense de Paris, la Bretagne en a fourni 25.

Ah ! si toute la France avait marché comme cela !

*
* *

Le sergent Hoff continue à faire parler de lui. Aujourd'hui encore, il a surpris, avec une vaillante troupe, qu'il conduirait en enfer s'il le voulait, un poste prussien, qui a cependant eu le temps de s'armer pour répondre à l'attaque des nôtres. Mais le sergent Hoff avait si bien embusqué ses volontaires, qu'ils ont tué huit Prussiens, et ont réussi à se replier sans éprouver aucune perte ; un seul soldat français a reçu une légère blessure.

*
* *

Les vivres sont des armes.

Voilà, sur l'alimentation de Paris, des données précieuses et certaines, qui me sont communiquées par un membre du comité d'hygiène publique de France.

Le 15 novembre, le gouvernement de la Défense nationale disposait des ressources alimentaires suivantes, calculées sur un rationnement journalier de 100 grammes, viande ou équivalent alimentaire, pour deux millions de consommateurs :

Viande fraîche (bœuf et vaches). . . . 23 à 28 jours.

Viande fraîche à provenir de 30 à 35,000 chevaux que le gouvernement peut prélever

par voie de réquisition , et sans trouble pour
les services publics , sur les 75,000 chevaux
existant à Paris. . . . .   40 à 45 jours.
   Viande salée. . . . .   20 jours.
   Morue, poissons secs. . . . .   10 à 12 jours.

En outre, le gouvernement a des farines pour pourvoir à une consommation de six mois au moins.

En résumé , l'alimentation de Paris se trouve assurée encore pour quelque temps. On y a mangé de l'âne, du mulet, voire même des chats et des rats , parce qu'on a voulu en goûter et nullement par nécessité.

Soixante-cinquième journée de siége.

Mardi , 22 novembre 1870.

Les forts d'Issy et du Mont-Valérien, et les canonnières de la Seine se sont amplement dédommagés la nuit dernière et ce matin même de leur silence de la journée d'hier, et ont couvert de feux toutes les hauteurs avoisinantes où les Prussiens continuent les travaux d'établissement de leurs batteries.

⁎

Les divers ouvrages que nous avons élevés dans la vallée de la Bièvre inquiètent beaucoup les Prussiens. Ils sont venus cette nuit en forces imposantes pour enlever ces positions. Mais nous y avions des troupes pour les recevoir. Le 37ᵉ, le 61ᵉ et le 100ᵉ régiments de ligne, appuyés par deux bataillons de mobiles auxquels étaient jointes quelques mitrailleuses, les ont reçus vaillamment.

Pendant deux heures environ , la fusillade et le bruit strident des mitrailleuses se sont fait entendre. De temps en temps, le canon des forts de Montrouge et de Vanves venait se mêler à eux et formait un terrible concert.

⁎

Deux pigeons voyageurs, appartenant sans doute à l'adminis-

tration des postes, ont été vus, ce matin à neuf heures, au-
dessus de Montrouge, où une foule nombreuse suivait avec curiosité leur vol. Ils allaient de conserve, côte à côte et très-haut.
Après avoir plané quelques instants sur un point de l'espace
correspondant à la place de la Mairie, ils ont poursuivi leur
route et ont paru s'abattre sur l'Observatoire. Puissent-ils m'apporter enfin des nouvelles de Plouaret?

*
* *

J'ai fait ce soir même une visite à mes amis du Val-de-Grâce,
où le 71ᵉ de marche venait d'envoyer un nouveau blessé, le
lieutenant Laville. Le Val-de-Grâce est devenu mon pourvoyeur
de nouvelles. J'en étais, ce soir, d'autant plus friand, que la récolte de la journée avait été mauvaise. J'ai donc considéré
comme une bonne fortune les deux récits suivants, que je dois
à la complaisance inépuisable d'un sous-officier du 29ᵉ de ligne,
qui, fort heureusement, n'a pas été blessé à la langue.

Premier récit. « Je revenais des avant-postes à une heure
assez avancée de la nuit, quand je rencontrai, sur la route de
Vanves, un individu ayant un fusil sur l'épaule ; il venait de
Paris et marchait à grands pas.

» — Où allez-vous à cette heure? lui dis-je.

» — Je vais me battre avec les Prussiens à Clamart.

» — Mais vous êtes donc fou; seul, que pouvez-vous faire?

» — Venger mon fils tué à Sedan, répondit-il; et une larme
coula de ses yeux où brillait l'éclair du désespoir.

» Profondément ému, je n'ajoutai plus un seul mot, mais je
serrai la main du brave homme.

» Quelques instants après, le malheureux vieillard franchis-
sait les avant-postes au delà d'Issy et prenait le chemin de
Clamart.

» Que fit-il après avoir pénétré dans le village occupé par
l'ennemi depuis la veille? Des prodiges! Embusqué, tantôt
dans les maisons, tantôt dans les jardins, pendant toute la
journée, il fit aux Prussiens une guerre terrible : six de nos
ennemis tombèrent successivement frappés par ses balles.

» Traqué par l'ennemi, que tant d'audace avait irrité, épuisé de fatigues, notre héros se découvrit enfin et présenta héroïquement la poitrine en brûlant sa dernière cartouche. Presque aussitôt un coup de feu retentit, et il tombait mortellement frappé.

» Mais il avait vengé son fils ! »

J'ai su depuis le nom de cet homme, il s'appelait Brant.

Deuxième récit. « Nous avions été envoyés en reconnaissance du côté de Vitry ; il s'agissait d'aller reprendre des outils laissés la nuit précédente par des terrassiers, dont on jugeait à propos d'interrompre le travail. Un garde national, dont je n'ai jamais pu savoir le nom, propose de nous servir de guide.

» — Je peux d'autant mieux conduire vos hommes, avait-il dit à notre commandant, que je possède, ou plutôt que je possédais, tout à côté des terrassements où ils ont affaire, un vide-bouteille qui, très-probablement, n'existe plus.

» Son offre fut acceptée, et il prit la tête de la colonne. Une demi-heure plus tard, nous arrivions sans encombre sur le terrain désigné. Pendant qu'une partie de nos hommes s'occupait à charger sur un fourgon les pelles et les pioches, notre guide, suivi d'une dixaine de volontaires, s'avançait un peu plus loin dans la campagne ; tout à coup il s'arrête, et désignant, au bord du chemin, un amas de plâtras :

» — Voilà, dit-il en poussant un gros soupir, ce qui reste de ma propriété... Si encore les gredins avaient respecté ma cave !...

» Tout en maugréant contre les Vandales du Nord, il écartait, avec la lame de son sabre, les débris de la pauvre maisonnette.

» — Victoire ! s'écria-t-il tout à coup, les pourceaux n'ont pas eu le nez assez fin pour éventer mes truffes.... Voyez plutôt.

» Il venait de mettre à découvert une centaine de bouteilles à cachet rouge, enfouies sous un épais lit de paille et restées intactes. Chaque homme prit, sous son bras, une des jolies filles de Bordeaux ; le reste fut soigneusement déposé dans une brouette, et on s'empressa de rejoindre le gros du détachement. Jugez si les éclaireurs et leurs aimables compagnes furent bien accueillis. Mais il était grand temps de regagner les avant-postes, car l'ennemi commençait à se déployer dans la plaine avec l'intention évidente de nous couper.

» Grâce à une fusillade bien nourrie, nous ne fûmes pas débordés; mais un des combattants manqua, le soir, à l'appel : le propriétaire du vide-bouteille, frappé en pleine poitrine. Nous bûmes son vin à sa mémoire, en jurant de le venger. »

Soixante-sixième journée de siége.

Mercredi, 23 novembre 1870.

Grâce aux remparts, les Parisiens entourés d'ennemis dorment tranquillement dans leurs lits. Jadis, on appelait cela les fortifications : des pelouses interminables et absolument désertes, un vaste cordon de solitude; par ci par là des vagabonds étendus sur l'herbe ou des ivrognes cuvant leur vin, quelques gamins faisant l'école buissonnière, de loin en loin une caserne et des pioupious jouant au bouchon ; on passait en se disant : les fortifications... quelle drôle d'idée a eue là M. Thiers !

****

Aujourd'hui, grande disette de nouvelles, et j'en suis réduit à copier le rapport militaire qui vient de paraître dans le *Journal officiel :*

« 23 novembre, soir.

» Rien d'important à signaler. Le feu des forts a continué contre les travaux de l'ennemi, principalement à l'ouest et vers les positions de Meudon et de Châtillon.

» Une reconnaissance a été tentée par l'ennemi, hier à onze heures et demie du soir, dans la presqu'île de Gennevilliers. Une barque montée par plusieurs hommes a cherché à passer la Seine du côté du Port-aux-Anglais.

» Cette reconnaissance n'a pu s'effectuer, grâce à la surveillance des postes avancés qui ont tiré à bout portant sur cette barque, dans laquelle plusieurs hommes ont été tués ou blessés.

» Le corps franc des carabiniers parisiens n'a cessé de se faire remarquer par ses bons services et sa discipline. La 2ᵉ compagnie, capitaine Baquey, est établie à Courbevoie, sous les ordres du général de Bellemare.

» Quelques-uns des hommes de cette compagnie, étant descendus dans la cave de la maison qu'ils occupent, trouvèrent dans un tiroir ouvert la somme de 3,600 francs en or. Ils la remirent immédiatement à leur commandant, et elle est actuellement à la Caisse des dépôts et consignations. »

*
* *

Mon journal étant exclusivement destiné à la province ne doit nécessairement contenir que les faits qui, pendant la durée du siége, ne seront pas parvenus à sa connaissance ; je ne parlerai donc aujourd'hui des nouveaux succès attribués à l'armée de la Loire que pour constater l'effet qu'ont produit ces bonnes nouvelles sur la population parisienne.

Hier encore, la question des subsistances était la préoccupation générale. Aujourd'hui, on semble avoir oublié que dans quelques jours la disette se fera sentir, l'espérance est venue effacer les points noirs de l'horizon, et tous les regards sont tournés du côté d'Orléans, cherchant à découvrir la victoire qui nous revient, dit-on, à tire d'ailes.

Soixante-septième journée de siége.

Jeudi, 24 novembre 1870.

Demain, je reprends définitivement mon service. Hier, dans la soirée, j'ai vu mon commandant, et il m'a autorisé à rentrer dans les rangs. Ce matin, voulant profiter de mon dernier jour de liberté, j'ai commencé une grande tournée qui me permet de consigner, pour ainsi dire heure par heure, les événements qui se sont succédé aujourd'hui du matin au soir.

La canonnade a été vive sur la ligne du sud-ouest.

Les forts de Vanves, d'Issy, les batteries d'Auteuil et le Mont-Valérien ne cessent pas de tirer : d'un côté, sur les travaux des

Prussiens à Bagneux et Châtillon ; de l'autre, sur Saint-Cloud, ou plutôt sur les hauteurs de Brimborion et de Montretout.

Dans la journée, les redoutes de Villejuif, les forts de Bicêtre et de Montrouge ont canonné, de deux heures à quatre heures, une colonne de troupes allemandes qui se dirigeait au sud de ces forts, en passant par l'Hay et Thiais, vers Choisy-le-Roi. On a entendu, de ce côté, le bruit strident des mitrailleuses, ce qui m'autorise à penser que l'affaire a été meurtrière pour l'ennemi.

Une vive fusillade éclatait au même instant sur la rive gauche de la Seine, sur les hauteurs situées entre Issy et Meudon. Nos tirailleurs, plus nombreux que de coutume, étaient aux prises avec les postes avancés des Bavarois, qui occupent toutes ces positions, depuis Meudon jusqu'à Bagneux et Fontenay-aux-Roses.

A cinq heures, au moment où je rentrais dans Paris, les derniers obus partaient du fort de Vanves, après une des journées les mieux occupées que le fort et son voisin d'Issy aient enregistrées depuis longtemps.

En entrant au Val-de-Grâce, où je couche cette nuit pour la dernière fois, on me communique le rapport suivant :

« Aujourd'hui, la garde nationale a reçu le baptême du feu. Le premier choc a été héroïque.

» Le 72e bataillon de guerre, composé de citoyens de Passy, vient, accompagné du 4e bataillon des éclaireurs de la Seine, de s'emparer de Bondy. La position a été abordée avec une rapidité si foudroyante, que la retraite de l'ennemi a été immédiate. Les barricades qui fermaient l'entrée du village une fois franchies par les nôtres, une lutte courte et vive s'est engagée dans les rues.

» A cet endroit, le canal de l'Ourcq et la route nationale de Metz marchent presque parallèlement pour s'enfoncer ensuite dans la forêt. C'est entre ces deux voies bordées d'arbres que l'ennemi a été traqué et poursuivi la baïonnette aux reins jusqu'aux taillis et aux fourrés où il aime si bravement à s'abriter.

» De Bondy à l'entrée de la forêt, gisaient de nombreux cadavres de fuyards, et l'ennemi a dû immédiatement arborer le drapeau des ambulances.

» Bonne journée ! C'est un présage des grands événements qui se préparent.

» Honneur à cette petite mais vaillante avant-garde qui vient de teindre de son sang les barricades de Bondy! honneur au 72° de guerre, au 4° des éclaireurs ! »

Soixante-huitième journée de siége.

Vendredi, 25 novembre 1870.

Comme Napoléon, la veille de la bataille d'Austerlitz, j'ai dormi paisiblement toute la nuit, non pas sur une chaise, mais sur mon lit de camp du fort d'Issy. Je savais qu'à la première heure, nous devions prendre les armes, et cet avertissement, qui nous avait été donné hier soir, ne m'a pas procuré le moindre cauchemar. J'ai rêvé Prussien, je l'avoue, mais ces Prussiens étaient des Prussiennes et d'aimables vivandières qui m'offraient si gracieusement leur riquiqui qu'elles ne me faisaient nullement peur. A la pointe du jour nous étions sous les armes, attendant l'ordre de nous mettre en marche.

Depuis quelques jours, les Bavarois avaient étendu de beaucoup leurs lignes de sentinelles. La route de Montrouge étant trop fortement gardée par les Hautes-Bruyères, ils avaient appuyé du côté opposé, dépassant Clamart et se rapprochant insensiblement des forts d'Issy et de Vanves.

Ce mouvement ne pouvant avoir pour nous aucune conséquence fâcheuse, on ne s'en était que médiocrement occupé ; mais, hier, les Bavarois commencèrent un feu très-vif sur nos travailleurs : plusieurs furent blessés. Il devenait urgent de donner une leçon à l'ennemi et de repousser ses grand'gardes jusqu'aux bois.

Partis du fort d'Issy, à sept heures, nous commencions le feu à neuf heures et demie. Nous y allions, ma foi, de tout cœur, mais l'ennemi jugeant à propos de ne pas se montrer en

masse, l'affaire, à notre grand regret, ne passa pas les limites
d'un combat de tirailleurs. Nous avons parcouru la plus grande
partie de la forêt qui domine le village de Clamart, et engagé
une vive fusillade avec les postes ennemis, habilement dissi-
mulés derrière une ligne de barricades formée par des arbres
abattus ; mais nous avons fait, je crois, beaucoup de mal aux
Bavarois, qui ont dû, encore une fois, trouver fort désagréable
de servir de paraballes aux troupes prussiennes.

A cinq heures, nous rentrions au fort, en ramenant quelques-
uns des nôtres légèrement blessés pour la plupart.

Dans la soirée, j'ai reçu la visite de Kergonnou qui avait
appris que mon bataillon devait sortir : il m'a raconté que ce
matin la fusillade avait été très-vive entre les avant-postes campés au pont de Sèvres et les Prussiens établis sur les hauteurs
de Brimborion.

Mon cousin avait parcouru, dans la journée, les différentes
localités situées entre Villejuif, Vitry et le Moulin-Saquet :
toutes les maisons sont abandonnées.

Les paysannes se sont faites cantinières, les petits garçons vendent des journaux aux soldats, comme les gamins de Paris. On voit
de rares charrues aux champs. Une femme, — la mère, la
sœur — conduit les chevaux, et meurtrit aux ronces ses jambes
nues ; un vieillard — le grand-père — pèse de son bras affaibli
sur le soc. Le père et le fils sont au camp ou au bastion.

*
* *

Un affamé me disait, ce soir, en parlant de la difficulté que
les habitants de Paris éprouvent à se procurer de la viande :
— Je ne regrette qu'une chose de l'empire, c'est Le Bœuf.

Soixante-neuvième journée de siége.

Samedi, 26 novembre 1870.

Bien décidément le projet de M. de Bismarck est de nous prendre par la famine, les Prussiens ne nous attaquent jamais, et

c'est à peine si de temps en temps ils répondent à notre feu.

Les forts ayant jugé à propos cette nuit de faire les morts, le silence le plus complet n'a pas cessé de régner. Ce n'est pas à dire que nous nous endormions, bien au contraire, et, si j'en crois les sourdes rumeurs qui circulent dans Paris, avant peu nous aurons du nouveau.

Ce matin, le corps des *Amis de la France*, composé, on le sait, d'étrangers qui se sont associés à notre cause, est parti pour une destination inconnue. Ce corps passe sous les ordres du général d'Exéa et marchera de front avec les mobiles du Tarn.

Le général Van der Meer, malgré son âge, n'a pas voulu quitter ses légionnaires, et campera avec eux aux postes avancés.

L'exemple du 72e a électrisé nos bataillons de marche. Dans la journée, le 205e partait, musique en tête, aux cris mille fois répétés de *Vive la France !*

* *

Un de mes reporters qui est venu me voir dans la journée, m'a donné les renseignements suivants :

La redoute des Hautes-Bruyères est maintenant un ouvrage de défense formidable. De nombreuses tranchées la relient au village de Cachan, au fond de la vallée de la Bièvre, qui lui-même se trouve relié au fort de Montrouge.

Au commencement du siége, on aurait pu craindre que l'ennemi ne suivît cette vallée, où il se serait trouvé abrité des feux de Montrouge et de Bicêtre, pour s'approcher de la ligne des remparts. Toute crainte de cette nature est aujourd'hui dissipée.

Les tranchées qui descendent des Hautes-Bruyères au moulin de Cachan sont garnies de nombreux défenseurs, soldats de ligne, mobiles, marins et infanterie de marine, qui observent nuit et jour avec le plus grand soin tous les mouvements de l'ennemi.

* *

Le clocher de l'église de Chevilly, qui est au pouvoir des Prussiens, aura sa part dans l'histoire de la guerre de tirailleurs qui se fait dans la vallée de la Bièvre. Ce clocher sert d'observatoire à l'ennemi, et de plus, de bastion, car, il l'a crénelé de manière à nous faire le plus de mal possible.

Soixante-dixième journée de siége.

Dimanche, 27 novembre 1870.

Depuis ce matin, les barrières des différentes portes de l'enceinte sont fermées à la circulation, jusqu'à nouvel ordre, et elles ne s'ouvriront que pour le passage des troupes, du matériel, des convois de voitures militaires ou civils au service de l'armée, des militaires isolés, des ingénieurs et ouvriers appelés au dehors pour des travaux militaires.

Cependant les journaux de Paris nous sont parvenus comme à l'ordinaire dans les forts, et à défaut des nouvelles concernant les opérations militaires qui se préparent, et dont il lui est absolument interdit de parler, le *Petit Moniteur* nous donne un article extrêmement intéressant et de circonstance ; il est signé Timothée Trimm. Je prends la liberté d'en reproduire le premier et le dernier paragraphe ; cet article est intitulé :

SEIZE DÉFENSEURS DE PARIS.

Après le silence des nuits, à partir de l'heure où Paris a éteint son gaz et soufflé ses bougies, seize personnages veillent, et parfois ils parlent. Leur voix est puissante, leur organe est terrible. Quand on leur accorde la parole, on n'entend plus qu'eux dans l'immensité. Ce sont les forts qui défendent Paris, les seize muets qui depuis 70 jours ont retrouvé la parole.

. . . .

. . . .

Lecteur, quand vous entendez durant la nuit noire, la voix sèche et stridente de nos canons, souvenez-vous que ce sont nos forts qui parlent.

Ils sont seize.

On raconte que Louis XVI, donnant, dans sa prison, une leçon
de jeu de Siam à son fils, l'enfant ne pouvait jamais dépasser
le point 16. Et il s'écriait :

— Le nombre seize n'est pas heureux.

— Ce n'est pas d'aujourd'hui que je le sais, répondit le roi.

Ce point de 16 n'est pas heureux pour les monarques, mais il le
sera pour la capitale de la France. Les seize défenseurs de Paris
nous en donneront bientôt, je l'espère, la preuve glorieuse.

Soixante et onzième journée de siége.

Lundi, 28 novembre 1870.

Le canon ne s'est pas fait entendre cette nuit, et cependant
ce n'était pas le silence des nuits ordinaires : il y avait dans
l'air des bruits étranges, de vagues rumeurs ; tantôt c'était un
roulement sourd et prolongé, tantôt de sinistres clameurs, des
retentissements métalliques et cadencés, on comprenait que,
dans l'obscurité qui nous entourait, il devait se passer quelque
chose d'insolite.

A cinq heures du matin, notre bataillon reçut l'ordre de rentrer à Paris, et d'attendre sous les armes la nouvelle destination
qui nous serait probablement donnée dans la journée. De nombreux convois d'artillerie et plusieurs régiments de ligne avec
lesquels nous nous croisons m'expliquent alors les bruits confus
de la nuit : un énorme mouvement de troupes avait dû s'opérer
depuis la veille, et évidemment on se préparait à une action
sérieuse. J'ai trouvé Paris aussi calme qu'à l'ordinaire, nulle
agitation, nul désordre, et sans les interminables queues qui
stationnaient dès le point du jour à la porte des boucheries,
on ne se douterait pas de la situation critique de la capitale.

C'est à la caserne de la Pépinière que nous devions manger
la soupe, et pendant que les hommes de corvée s'occupaient de
la popote, j'entrai dans l'église Saint-Augustin remercier Dieu
de m'avoir épargné cette fois des balles prussiennes.

Soixante-douzième journée de siége.

Mardi, 29 novembre 1870.

La nuit paraissait devoir se passer tranquillement ; notre commandant, qui nous avait tenus toute la journée sous les armes, ne recevant aucun ordre, venait de nous faire rompre les rangs. A ce moment, l'horloge de Saint-Augustin jetait au vent le premier coup de minuit ; au moment où le douzième venait de se faire entendre, un fort coup de canon retentit dans la direction du sud : c'était un signal qui partait du fort de Vanves. Avec la permission du commandant, je grimpai lestement dans la lanterne que supporte le dôme de l'église, et de cet observatoire, j'ai pu saisir les détails suivants :

La canonnade avait commencé par la droite de notre enceinte du sud ; toutes les batteries d'Issy, de Vanves et de Montrouge entretenaient un feu bien nourri, dont je voyais les projectiles lancés en avant dans la direction de Châtillon, de Bagneux et de l'Hay.

Peu après se faisaient entendre le fort de Montrouge et celui de Bicêtre, ainsi que les batteries des Hautes-Bruyères, de Ville-juif et du Moulin-Saquet.

A une heure, les forts d'Ivry et de Charenton se mettaient de la partie, et, probablement, nos canonnières, dont je ne pouvais voir les feux ; bientôt, du côté du nord-ouest, vint se joindre à cette infernale canonnade, le bruit de notre artillerie de campagne. Il n'y avait plus à en douter, une affaire importante venait de s'engager dans la plaine.

Paris, alors, sembla se réveiller, et bientôt, de tous côtés, on entendit battre le rappel. De deux à trois heures, le canon ne se fit plus entendre que par intervalles, et j'allais quitter mon observatoire, persuadé que c'était partie remise, quand tout à coup les forts d'Issy jusqu'à Charenton reprirent avec une nou-velle violence jusqu'à quatre heures. Pendant l'action qui se poursuivait au sud, et dont la force, loin de se ralentir, semblait encore redoubler de violence, j'entendais très-distinctement l'artillerie de campagne qui tonnait du côté de Nanterre. Quant au Mont-Valérien, à ma grande surprise, il restait muet.

A cinq heures, le feu sembla se ralentir aux forts de Vanves et d'Issy; toute l'action, à cette heure, paraissait concentrée entre Montrouge et Bicêtre et les batteries de nos redoutes avancées de Villejuif, des Hautes-Bruyères et du Moulin-Saquet. Cependant, dans Paris, le rappel ne cessait de battre, et le son des clairons m'arrivait des hauteurs du faubourg Montmartre. Quant à mes camarades, que je ne perdais pas de vue, ils étaient toujours l'arme au pied dans les cours de la caserne.

A six heures, le feu recommençait de plus belle sur toute la ligne du sud, et cette fois j'entendis très-distinctement l'artillerie de campagne de l'ennemi, qui se décidait enfin à répondre : je voyais même leurs obus, dont un grand nombre éclataient avant d'arriver au but.

A partir de sept heures, les forts ralentissaient leur feu, et l'artillerie de campagne seule continuait avec une intensité énorme, tout en s'éloignant vers le sud. J'ai pu compter jusqu'à trois ou quatre coups par seconde, plus de deux cents à la minute, et cela pendant plusieurs heures.

A huit heures, tout semblait à peu près fini, et je rejoignais mes camarades, réduits, comme moi, à des conjectures sur les résultats de l'action engagée.

De grand matin, on placardait sur les murs de Paris une proclamation du général Ducrot, annonçant que le moment était venu de rompre le cercle de fer qui nous enserre, et se terminait par ces mots : « Je ne rentrerai dans Paris que *mort* ou *victorieux*. »

Dans la journée, rien n'a transpiré des événements de la nuit.

Soixante-treizième journée de siége.

Mercredi, 30 novembre 1870.

J'attendais avec impatience les journaux du matin pour apprendre les résultats des opérations de nos troupes, mais je comptais sans le décret suivant :

« Le gouvernement de la Défense nationale,

» Considérant que dans la situation actuelle, tout récit relatif aux faits de guerre, de quelque nature qu'il soit, peut, à l'insu des auteurs de ce récit et même contre leur volonté, compromettre les intérêts de la défense,

DÉCRÈTE :

» Tout compte-rendu ou tout récit d'opérations militaires, de mouvements de troupes, d'actes de guerre, autres que ceux publiés par l'autorité militaire, sont interdits jusqu'à nouvel ordre.

» Tout journal qui contreviendra à cette interdiction sera suspendu. »

Nous sommes donc forcés d'attendre les communications du Gouvernement.

Sur la route d'italie on a vu, dans la journée, plusieurs omnibus au pas, remplis de militaires blessés; d'autres voitures d'ambulance sillonnent aussi la route. Mais les militaires ne répondent pas aux questions qu'on leur fait, et la fermeture des portes empêche de vérifier les bruits qui circulent.

* *

On vient d'afficher ce soir le rapport militaire suivant; on verra, par la date, qu'il concerne la journée d'hier.

« Paris, le 29 novembre 1870, au soir.

» Ce matin, au point du jour, deux attaques ont été faites, sous les ordres du général Vinoy, sur la Gare-aux-Bœufs et sur l'Hay. La première, confiée au contre-amiral Pothuau, vigoureusement menée, a parfaitement réussi. La position a été enlevée, avant le jour, par des compagnies des 106° et 116° bataillons de la garde nationale et des fusiliers marins.

» L'ennemi, surpris, s'est retiré en désordre, laissant entre nos mains quelques prisonniers, dont un officier.

» Du côté de l'Hay, le colonel Valentin, commandant une brigade de la division Maud'huy, a attaqué le village avec les 109° et 110° de ligne et les 2° et 4° bataillons de la garde mobile du Finistère.

» La position a été abordée avec une grande résolution. Nos troupes ont pénétré dans les premières lignes qu'elles ont vaillamment conquises ; et, d'après les instructions données au général Vinoy, en vue d'opérations ultérieures qui seront définies en leur temps, l'ordre a été donné de ne pas pousser l'attaque plus avant.

» C'est au moment où nos troupes se retiraient et où les réserves prussiennes arrivaient dans le village en quantité considérable, qu'un tir formidable d'artillerie, partant des Hautes-Bruyères et des batteries environnantes, a couvert de feux l'Hay ainsi que les colonnes qui cherchaient à l'aborder.

» Au même moment, les canonnières du capitaine de vaisseau Thomasset, en amont du Port-à-l'Anglais, des pièces de gros calibre, montées sur des wagons blindés, en station sur la voie du chemin de fer, les batteries environnant Vitry, celles du Moulin-Saquet, et enfin une partie de l'artillerie du fort de Charenton, dirigeaient leurs feux, avec la plus grande intensité, sur le terrain occupé par l'ennemi et lui ont fait éprouver les plus grandes pertes.

» On n'a pas encore le chiffre exact de nos blessés ; il doit s'élever à environ cinq cents hommes, parmi lesquels on signale le lieutenant-colonel Mimerel, du 110° de ligne, atteint grièvеment. Le chef de bataillon Christiani de Ravaran, du 110°, a été tué ; le chef de bataillon de Réals, commandant le 4° bataillon du Finistère, blessé.

» Le général Vinoy insiste auprès du Gouverneur `sur la bonne conduite de nos troupes dans cette affaire.

» Diverses opérations de guerre ont été conduites pendant la nuit dernière et la matinée d'aujourd'hui. Il importe de ne pas en faire connaître le programme, car elles sont intimement liées à des mouvements qui sont en cours d'exécution.

» Au nombre des bataillons de la garde nationale qui se sont distingués aujourd'hui, nous devons signaler les 106ᵉ et 116ᵉ, commandants Ibos et Langlois. Aidés de nos marins, ces deux bataillons ont pris possession de la Gare-aux-Bœufs de Choisy, avec un entrain et une bravoure qui méritent les plus grands éloges. »

* *

Autre affiche que l'on vient de placarder :

« Le 30 novembre, 2 heures.

» Le Gouverneur de Paris est à la tête des troupes depuis avant-hier.

» L'armée du général Ducrot passe la Marne depuis ce matin, sur des ponts de bateaux dont l'établissement avait été retardé par une crue subite et imprévue de la rivière.

» L'action s'engage sur un vaste périmètre, soutenue par les forts et les batteries de position qui depuis hier écrasent l'ennemi de leur feu.

» A midi, nous étions maîtres de Montmesly ; nos troupes s'y maintiennent. La canonnade est générale en avant de toutes nos lignes.

» Cette grande opération, engagée sur un immense développement, ne saurait sans danger être expliquée en ce moment avec plus de détails.

» Pour copie conforme :

» *Le général, chef d'état-major général,*

» SCHMITZ. »

L'anxiété de la population parisienne est à son comble, la sécheresse des rapports militaires est loin de lui suffire.

Devant les kiosques, on s'arrache les journaux du soir, et chacun constate avec dépit que le silence le plus absolu leur a été imposé.

A demain donc et bon espoir.

Soixante-quatorzième journée de siége.

Jeudi, 1er décembre 1870.

Je lis ce matin dans le *Journal officiel :*

« La journée du 30 novembre comptera dans notre histoire.

» Elle consacre, en relevant notre honneur militaire, le glorieux effort de la ville de Paris. Elle peut, si celle de demain lui ressemble, sauver Paris et la France.

» Notre jeune armée, formée en moins de deux mois, a montré ce que peuvent les soldats d'un pays libre. Cernée par un ennemi retranché derrière de formidables défenses, elle l'a abordé avec le sang-froid et l'intrépidité des plus vieilles troupes. Elle a combattu douze heures sous un feu meurtrier et conquis pied à pied les positions sur lesquelles elle couche. Ses chefs ont été dignes de la commander et de la soutenir dans cette grande épreuve.

» Le général Renault, commandant en chef le 2e corps, toujours le premier au danger, a été rapporté du champ de bataille grièvement blessé. Le général Ladreit de la Charrière a été aussi gravement atteint. Un grand nombre d'officiers sont glorieusement tombés.

» Les rapports militaires nous permettront bientôt de les connaître et d'honorer leur sacrifice. Aujourd'hui, nous ne pouvons sortir de la réserve à laquelle nous oblige la continuation de la lutte.

» Quelle qu'en soit l'issue, notre armée a bien mérité de la patrie. Notre reconnaissance et notre admiration lui sont acquises et l'accompagneront dans l'accomplissement de la tâche que le salut du pays impose encore à son dévouement. »

Le décret qui interdit à la presse la publication des faits de guerre parvenus à sa connaissance, et l'impossibilité où je me trouve momentanément de communiquer avec mes amis du dehors, m'obligent à modifier la marche ordinaire de mon journal. Ainsi aujourd'hui, 1er décembre, je ne parlerai que des faits accomplis la veille ou l'avant-veille au fur et à mesure qu'ils me seront communiqués : en attendant, je veux dire, en quelques mots, quelle était la physionomie de la capitale pendant ces heures d'attente.

Paris fermé se réunit tout entier sur les hauteurs qui sont dans ses murs d'enceinte, au Père-Lachaise, au Trocadéro, à Montmartre, sur les édifices publics et même sur les terrasses et les cheminées des maisons particulières : chacun veut assister sur un point quelconque à ce grand et terrible drame qui se joue autour de nos forts. De tous ces lieux élevés la foule se tient attentive, les regards dirigés sur la plaine ; ce qu'elle voit, hélas ! peu de chose... de la fumée, mais on dirait ses yeux jaloux de ses oreilles : les unes sont fatiguées d'entendre, les autres avides de voir.

En revenant de la rue de la Pépinière, j'ai suivi les boulevards, et partout sur les places comme sur les promenades, les bataillons de la garde nationale font l'exercice en attendant le signal du départ. On voit bien qu'ils savent maintenant ce qu'ils valent... ces soldats-citoyens.

Dans la journée, on racontait qu'hier soir, vers neuf heures, avec l'autorisation du général Ducrot, qui mit à la disposition des ambulances de la Presse un clairon pour les précéder, une vingtaine de voitures s'engagèrent vers le côté extrême d'un village qui est en notre possession. Le cortége se composait en outre de Frères des écoles chrétiennes, Mgr Bauër, le docteur Demarquay et plusieurs membres du comité des ambulances de la Presse.

Arrivées d'un côté du village, les voitures s'arrêtèrent, on dit aux ambulanciers qu'ils n'avaient pas besoin d'avancer, et que sur ce point l'ennemi n'avait entre ses mains que cinq ou six blessés français qui étaient fort bien soignés.

On se remit en route de l'autre côté. Le clairon sonna sa fanfare. Tout à coup une fusillade éclata. C'était la réponse prussienne. On crut à une méprise. Le clairon sonna de nouveau, seconde fusillade non moins vive. Voilà comment on accueillait nos parlementaires. Ils furent obligés de reculer et durent revenir sans avoir accompli leur mission d'humanité.

A peine ce fait inouï venait-il de se répandre dans Paris, que M. le comte Sérurier, vice-président de la Société de secours aux blessés militaires, se rendit seul aux avant-postes de l'ennemi. Après avoir attendu trois quarts d'heure à quelques mètres du village de Villiers, M. Sérurier s'entretint avec un officier wurtembergeois. Il fut convenu entre eux qu'ils se rencontreraient de nouveau à trois heures moins un quart sur le même point.

A trois heures, il fut arrêté verbalement que, jusqu'à la nuit tombante, les hostilités ne seraient pas reprises.

Aujourd'hui, grâce au dévouement d'un homme de cœur, nos soldats ont pu ramasser nos blessés, et même ceux abandonnés par l'ennemi. Il ont enterré les morts des deux nations, et Français et Prussiens vont dormir côte à côte dans les mêmes tombes, sur les rives de la Marne, où il faisait si bon, cet été, boire et rire.

Soixante-quinzième journée de siége.

Vendredi, 2 décembre 1870.

En attendant les rapports militaires qui font toujours défaut, je peux enfin donner quelques détails sur les journées des 29 et 30 novembre.

Le canon qui, le 29, depuis une heure du matin jusqu'à six heures de l'après-midi, n'avait cessé de gronder hier, disait assez haut qu'une grande, une terrible action était engagée.

A l'attaque de l'Hay les mobiles du Puy-de-Dôme se sont battus comme des enragés.

On a remarqué l'emportement du bataillon d'Aubière, qui a juré d'être fidèle à sa devise. Cette petite troupe a inscrit sur son drapeau cette légende en pur auvergnat : *Lâcheint pas !* (Ne lâchons pas !)

Ceux qui connaissent le pays et les hommes de granit qu'il produit savent bien, en effet, que les Aubiérois ne tourneront jamais les talons.

* *

Les mobiles de Seine-et-Marne se sont également distingués sur le plateau qui s'étend entre Brie et Noisy-le-Grand, spécialement le 1er bataillon (Fontainebleau) commandé par le marquis de Piolene et le second (Meaux) commandant Testard. Ils étaient guidés au feu par le colonel Franceschetti et le lieutenant-colonel vicomte de Courcy, deux officiers solides qui n'en sont pas à leur début. Chacun a fait vaillamment son devoir ; j'ai particulièrement entendu parler de l'entrain remarquable dont a fait preuve le jeune sous-lieutenant de Moustier chargé du commandement de la 2e compagnie du bataillon de Meaux en l'absence de son capitaine.

* *

Dans la soirée, le Gouvernement a fait afficher le rapport militaire suivant :

« 2 décembre 1870, 1 h. 45 m. soir.
» Plateau entre Champigny et Villiers, 1 h. 1/4.

» Attaqués ce matin par des forces énormes à la pointe du jour, nous sommes au combat depuis plus de sept heures. Au moment où je vous écris, l'ennemi, placé sur toute la ligne, nous cède encore une fois les hauteurs. Parcourant nos lignes de tirailleurs, de Champigny jusqu'à Brie, j'ai recueilli l'honneur et l'indicible joie des acclamations des troupes soumises au feu le plus violent. Nous aurons sans doute des retours offensifs, et cette seconde bataille durera comme la première, toute une journée. Je ne sais quel avenir est réservé à ces généreux efforts des troupes de la République, mais je leur dois cette justice qu'au milieu des épreuves de toutes sortes, elles ont bien mérité du pays. J'ajoute que c'est au général Ducrot qu'appartient l'honneur de ces deux journées.

» Général Trochu. »

Soixante-seizième journée de siége.

Samedi, 3 décembre 1870.

Cette nuit, à onze heures vingt minutes, le ballon-poste, le *Jules-Favre*, monté par M. Martin, aéronaute, est parti de la gare du Nord, emportant les dépêches et des pigeons destinés à nous retourner les nouvelles de la province.

A quatre heures du matin, un second ballon-poste, la *Bataille-de-Paris*, monté par M. Poirier, aéronaute, part de la même gare du Nord, emportant les rapports détaillés des événements militaires accomplis pendant les journées des 29 et 30 novembre.

La province est favorisée', elle saura avant les Parisiens le résultat des combats engagés sous leurs murailles, car la note ci-jointe placardée ce matin, ajourne encore les détails officiels sur lesquels nous comptions aujourd'hui.

« Le récit des événements accomplis pendant les glorieuses journées des 29, 30 novembre et 2 décembre, est impatiemment attendu par la population.

» Il est cependant impossible de rien ajouter aux dépêches du gouverneur, sans compromettre le succès des opérations.

» Chacun comprendra la réserve que s'impose l'autorité militaire en de pareilles circonstances. »

* *

A défaut de rapports militaires, j'ai recueilli à l'hôpital du Val-de-Grâce quelques renseignements que je m'empresse de consigner.

Pendant les combats des 29 et 30 novembre, la plaine d'Aubervilliers était couverte de nombreux soldats désireux de prendre l'offensive pour refouler les Prussiens des villages du

Drancy, Dugny et le Bourget, où ils se sont si fortement retranchés.

Leur rôle a été très-important, puisque, outre la prise du Drancy, ils ont, par quelques manœuvres habilement combinées, paralysé des forces prussiennes considérables qui voulaient se porter au secours des troupes engagées à droite du côté de Nogent et Choisy-le-Roi, et, à gauche, du côté d'Epinay et de Gennevilliers.

Il paraît que les résultats heureux de ce mouvement de troupes peut, à tous les points de vue, être considéré comme une victoire, puisque, outre le succès matériel obtenu par la prise de Drancy, de Groslay et d'Epinay, cette armée a, par ses feintes attaques, contribué aux succès des deux journées.

Soixante-dix-septième journée de siége.

Dimanche, 4 décembre 1870.

La journée d'hier, où l'on s'attendait à une violente canonnade, a été relativement calme ; à peine quelques détonations se sont fait entendre à de longs intervalles, la nuit également a été fort tranquille.

Ce matin, on a pu lire, sur les murs de Paris, le rapport officiel suivant, si impatiemment attendu, sur les dernières batailles.

« Les dernières sorties opérées par l'armée de Paris, pendant les journées des 29 et 30 novembre, 1er, 2 et 3 décembre, ont amené des engagements sur la plupart des points des lignes d'investissement de l'ennemi.

» Dès le 28 novembre au soir ; les opérations étaient commencées.

» A l'est, le plateau d'Avron était occupé à huit heures par les marins de l'amiral Saisset, soutenus par la division d'Hugues, et une artillerie nombreuse de pièces à longue portée était installée sur ce plateau, menaçant au loin les positions de l'ennemi et les routes suivies par ses convois à Gagny, à Chelles et à Gournay.

» A l'ouest, dans la presqu'île de Gennevilliers, des travaux de terrassement étaient commencés sous la direction du général de Liniers ; de nouvelles batteries étaient armées ; des gabionnades et des tranchées-abris étaient installées dans l'île Marante, dans l'île de Bezons et sur le chemin de fer de Rouen.

» Le lendemain, le général de Beaufort complétait les opérations de l'ouest en dirigeant une reconnaissance sur Buzenval et les hauteurs de la Malmaison, en restant sur sa droite relié, devant Bezons, aux troupes du général de Liniers.

» Le 29, au point du jour, les troupes de la 2e armée, aux ordres du général Vinoy, opéraient une sortie sur Thiais, l'Hay et Choisy-le-Roy, et le feu des forts était dirigé sur les divers points signalés comme servant au rassemblement des troupes de l'ennemi.

» Des mouvements exécutés depuis deux jours avaient garni de forces importantes la plaine d'Aubervilliers et réuni les trois corps de la 2e armée aux ordres du général Ducrot sur les bords de la Marne.

» Le 30 novembre, au point du jour, des ponts préparés hors des vues de l'ennemi se trouvaient jetés sur la Marne, sous Nogent et Joinville, et les deux premiers corps de la 3e armée, conduits par les généraux Blanchard et Renault, exécutaient rapidement avec toute leur artillerie le passage de la rivière.

» Ce mouvement avait été assuré par un feu soutenu d'artillerie partant des batteries de position établies sur la rive droite de la Marne, à Nogent, au Perreux, à Joinville, et dans la presqu'île de Saint-Maur.

» A neuf heures, ces deux corps d'armée attaquaient le village de Champigny, le bois du Plant et les premiers échelons du plateau de Villiers. A onze heures, toutes ces positions étaient prises, et les travaux de retranchement étaient déjà commencés par les troupes de seconde ligne, lorsque l'ennemi

fit un vigoureux effort en avant, soutenu par de nouvelles batteries d'artillerie.

» A ce moment, nos pertes furent sensibles : devant Champigny, les pièces prussiennes, établies à Chennevières et à Cœuilly, refoulaient les colonnes du 1er corps, tandis que de nombreuses troupes d'infanterie descendant des retranchements de Villars, chargeaient les troupes du général Renault. Ce furent alors les énergiques efforts de l'artillerie, conduite par nos généraux Frébault et Boissonnet, qui permirent d'arrêter la marche offensive que prenait l'ennemi.

» Grâce aux changements apportés dans l'armement de nos batteries, l'artillerie prussienne fut en partie démontée, et nos ommes, ramenés à la baïonnette par le général Ducrot, purent prendre définitivement possession des crêtes.

» Pendant ces opérations, le 3e corps, sous les ordres du général d'Exéa, s'était avancé dans la vallée de la Marne jusqu'à Neuilly-sur-Marne et Ville-Evrard, des ponts avaient été jetés au Petit-Bry, et Bry-sur-Marne était attaqué et occupé par la division Bellemare. Son mouvement, retardé par le passage de la rivière, se prolongea au delà du village jusqu'aux pentes du plateau de Villiers, et les efforts de ses colonnes vinrent concourir à la prise de possession des crêtes, opérée par le 2e corps en avant de Villiers.

» Le soir, nos feux de bivouacs s'étendaient sur tous les coteaux de la rive gauche de la Marne, tandis que brillaient sur les pentes de Nogent et Fontenay les feux de nos troupes de réserve.

» Ce même jour, 30 novembre, la division Susbielle, soutenue par une importante réserve des bataillons de marche de la garde nationale, s'était portée en avant de Créteil, et avait enlevé à l'ennemi les positions de Mesly et Montmesly, qu'elle devait occuper jusqu'au soir.

» Cette diversion sur la droite des opérations de la 2e armée était soutenue par de nouvelles sorties opérées sur la rive gauche de la Seine, vers Choisy-le-Roi et Thiais, par les troupes du général Vinoy.

» Au nord, l'amiral La Roncière, soutenu par l'artillerie de ses forts, avait occupé, dans la plaine d'Aubervilliers, Drancy et la ferme de Groslay; de fortes colonnes ennemies avaient été ainsi attirées sur les bords du ruisseau la Morée, en arrière du Pont-Iblon. Vers deux heures, l'amiral traversa Saint-Denis et se portant de sa personne à la tête de nouvelles troupes, dirigeait l'attaque d'Epinay que nos soldats, soutenus par des batteries de la presqu'île de Gennevilliers, ont pu occuper avec succès.

» Le 1er décembre, il n'y eut que quelques combats de tirailleurs au début de la journée devant les positions de la 2e armée, et le feu du plateau d'Avron continua à inquiéter les mouvements de l'ennemi à Chelles et à Gournay, dans le mouvement de concentration considérable qu'il opérait la nuit surtout, pour amener de nouvelles forces en arrière des positions de Cœuilly et de Villiers.

» Le 2 décembre, avant le jour, les nouvelles forces, ainsi rassemblées, s'élancèrent sur les positions de l'armée du général Ducrot; sur toute la ligne, l'attaque se produisit subitement et à l'improviste sur les avant-postes des trois corps d'armée, de Champigny jusqu'à Bry-sur-Marne.

» L'effort de l'ennemi échoua. Soutenues par un ensemble d'artillerie considérable, nos troupes, malgré les pertes qu'elles avaient à subir, opposèrent la plus solide résistance. La lutte fut longue et terrible. Nos batteries arrêtèrent les colonnes prussiennes sur le plateau, et, dès onze heures, les efforts de l'ennemi étaient entièrement vaincus.

» A quatre heures, le feu cessait, et nous restions maîtres du terrain de la lutte. Le 3 décembre, sans que l'ennemi pût inquiéter notre retraite, aidés par le brouillard, 100,000 hommes de la 2e armée avaient de nouveau passé la Marne, laissant l'armée prussienne relever ses morts.

» Nos pertes, dans ces diverses journées, ont été de mille huit tués, dont soixante-douze officiers, et cinq mille vingt-deux blessés, dont trois cent quarante-deux officiers.

» Les pertes de l'ennemi ont été des plus considérables;

elles sont en rapport, du reste, avec les efforts qu'il a faits pour nous enlever nos positions. Ecrasé par une artillerie formidable sur tous les points où il se présentait, nos projectiles l'atteignaient jusque dans ses plus extrêmes réserves, et, d'autre part, des officiers prisonniers ont déclaré que plusieurs régiments avaient été détruits par notre feu d'infanterie en avant de Champigny. »

Aucun engagement ne paraît avoir eu lieu dans la journée.

Soixante-dix-huitième journée de siége.

Lundi, 5 décembre 1870.

Entre minuit et une heure, les Prussiens se sont présentés en force pour reprendre Champigny. Après une heure de combat, ils ont été repoussés à la baïonnette. Ils ont perdu beaucoup de monde. Nos ambulances ont pu ramasser nos blessés immédiatement après le combat ; heureusement, ils sont peu nombreux.

Ce matin, le canon fait relâche. Quelques rares coups de fusil vers les avant-postes : c'est tout. L'ennemi a rétrogradé sur toute la ligne, cédant les hauteurs, se reployant derrière les bois.

Il n'est pas possible de parler d'autre chose, aujourd'hui, que des combats des 29 et 30 novembre et 2 décembre.

Aussi dans les groupes qui se forment dans les rues et sur les boulevards, il règne une animation fébrile. C'est bien le cas, pour un reporter consciencieux, d'ouvrir ses oreilles et de prendre des notes.

Les Prussiens ont demandé une trêve de quarante-huit heures pour enterrer ceux de leurs morts qui étaient encore restés sur les champs de bataille de Villiers et de Champigny.

Cette trêve, toute locale, a commencé hier matin. Le drapeau blanc est arboré sur le plateau d'Avron et sur le fort de Rosny, ainsi que sur les lignes prussiennes.

Les Bavarois et les Saxons faits prisonniers ont déclaré, dit-on, *qu'ils en avaient assez,* et que leurs régiments ne voulaient plus se battre.

On estime à 100,000 hommes le chiffre de l'armée prussienne qui nous a attaqués. Elle était composée de Saxons, de Wurtembergeois et de la garde royale prussienne. Toutes ces troupes se sont bien battues, surtout la garde royale : elle n'a cédé le terrain que pied à pied.

Notre armée comptait à peu près le même nombre d'hommes.

* *

En rentrant, dans la soirée du 2 à son quartier, le général Trochu a prononcé les paroles suivantes :

« Depuis sept heures du matin nous avons eu 100,000 hom-
» mes sur les bras, que j'ai dû combattre avec une jeune
» armée ; et, pour la deuxième fois, la vieille armée a été
» refoulée sur toute la ligne.

» Je joue un jeu terrible, et je ne l'aurais pas joué si je
» n'avais senti derrière moi la force morale et militaire de la
» garde nationale. A un moment j'ai cru avoir besoin de l'ap-
» peler en première ligne, mais encore une fois la jeune armée
» a battu la vieille. »

* *

Bonne nouvelle ! On assure que le Gouvernement a reçu d'Amiens la dépêche suivante, datée du 20 novembre :

« *Bourbaki au général Trochu.*

» Mes troupes sont prêtes à marcher. J'ai avec moi de l'ar-
» tillerie et de la cavalerie.

» Je suivrai tes instructions. »

Soixante-dix-neuvième journée de siége.

Mardi, 6 décembre 1870.

Depuis deux jours, on commentait de diverses manières la retraite de nos troupes, qui, dans la journée du 3, ont repassé la Marne, les Allemands allant jusqu'à prétendre que les Prussiens nous y avaient contraints : la proclamation du général Ducrot, affichée ce matin, prouve le contraire.

« Soldats,

» Après deux journées de glorieux combats, je vous ai fait repasser la Marne, parce que j'étais convaincu que de nouveaux efforts, dans une direction où l'ennemi avait eu le temps de concentrer toutes ses forces et de préparer tous ses moyens d'action, seraient stériles.

» En nous obstinant dans cette voie, je sacrifiais inutilement des milliers de braves, et, loin de servir l'œuvre de la délivrance, je la compromettais sérieusement ; je pouvais même vous conduire à un désastre irréparable.

» Mais, vous l'avez compris, la lutte n'est suspendue que pour un instant ; nous allons la reprendre avec résolution : soyez donc prêts, complétez en toute hâte vos munitions, vos vivres, et surtout élevez vos cœurs à la hauteur des sacrifices qu'exige la sainte cause pour laquelle nous ne devons pas hésiter à donner notre vie. »

J'avais évité de consigner sur mes tablettes certains faits regrettables attribués récemment à la garde nationale pendant son service aux avant-postes. Le décret que je viens de lire sur les murs de Paris m'oblige à me départir du silence que je m'étais imposé. Le bataillon de Belleville est dissous, et l'ex-major Flourens, qui élevait la prétention de conserver un grade qui ne lui appartenait pas, a été arrêté en avant de Maison-Alfort.

Voici le décret affiché à l'instant :

« Le gouvernement de la Défense nationale ,

» Vu l'ordre du jour du général Clément Thomas, en date du 6 décembre 1870, signalant de nombreux actes d'indiscipline commis par le bataillon dit des Tirailleurs de Belleville ;

DÉCRÈTE :

» Art. 1er. Le bataillon dit des Tirailleurs de Belleville est dissous. ·

» Les hommes appartenant à ce bataillon sont tenus de remettre leurs armes et leur équipement entre les mains du commandant de l'artillerie du 3e secteur , dans le délai de trois jours, sous peine d'être poursuivis comme détenteurs d'armes de guerre.

» Art. 2. Les hommes ayant fait partie du bataillon dissous, qui méritent par leur conduite d'être maintenus dans la garde nationale, composeront le noyau d'un nouveau bataillon formé par les soins du général commandant supérieur.

» Fait à Paris, le 6 décembre 1870. »

* *

On parlait beaucoup, sur le boulevard, de l'arrivée prochaine de Bourbaki et de son armée.

On disait aussi que l'état-major royal n'est plus à Versailles. Le roi, le prince royal et M. de Bismarck auraient disparu comme par enchantement de la ville de Louis XIV.

Le roi serait, non pas à Meaux, comme on l'a dit, mais à Saint-Germain même.

Cependant, chaque jour , M. de Bismarck fait une apparition à Versailles. C'est là qu'arrivent les dépêches de Normandie et de l'Orléanais. Puis, les dépêches lues, le grand chancelier remonte dans une chaise de poste et repart pour Saint-Germain.

Quatre-vingtième journée de siége.

Mercredi, 7 décembre 1870.

Pendant la nuit d'hier comme pendant celle qui vient de s'écouler, un silence complet a régné sur toute la ligne. On nous apprendrait dans la journée que les Prussiens, ont levé le siége que nous n'en serions pas étonnés : au surplus c'est un compliment à faire au peuple de Paris. Il est devenu fort, car il est devenu patient. Il sait se battre, ce qui est bien ; et il sait attendre le moment de se battre, ce qui est mieux.

Que va faire Ducrot ? Que médite Trochu ? Quel plan nouveau sera entrepris et exécuté ? A quel point de l'horizon marcherons-nous ? Nous l'ignorons ; mais nous sommes prêts à marcher, et nous avons confiance dans nos chefs qui diront l'heure et le jour.

Voilà un grand pas de fait. Avoir vaincu l'émeute, avoir supporté le rationnement, avoir dompté l'impatience, c'est-à-dire nous être faits sages, sobres et disciplinés, n'est-ce pas avoir réalisé les trois conditions qui font le bon soldat ?

*
* *

On vient d'afficher la communication suivante :

» Le gouvernement de la Défense nationale porte à la connaissance de la population les faits suivants :

» Hier au soir, le gouverneur a reçu une lettre dont voici le texte :

« Versailles, ce 5 décembre 1870.

» Il pourrait être utile d'informer Votre Excellence que l'armée de la Loire a été défaite hier près d'Orléans, et que cette ville est réoccupée par les troupes allemandes.

» Si toutefois Votre Excellence juge à propos de s'en convaincre par un de ses officiers, je ne manquerai pas de le munir d'un sauf-conduit pour aller et venir.

» Agréez, mon général, l'expression de la haute considération avec laquelle j'ai l'honneur d'être votre très-humble et très-obéissant serviteur.

» *Le chef d'état-major,*

» Comte de MOLTKE. »

» Le gouverneur a répondu :

« Paris, ce 6 décembre 1870.

» Votre Excellence a pensé qu'il pourrait être utile de m'informer que l'armée de la Loire a été défaite près d'Orléans, et que cette ville est réoccupée par les troupes allemandes.

» J'ai l'honneur de vous accuser réception de cette communication, que je ne crois pas devoir faire vérifier par les moyens que Votre Excellence m'indique.

» Agréez, mon général, l'expression de la haute considération avec laquelle j'ai l'honneur d'être votre très-humble et très-obéissant serviteur ,

» *Le gouverneur de Paris,*

» GÉNÉRAL TROCHU. »

» Cette nouvelle qui nous vient par l'ennemi , en la supposant exacte , ne nous ôte pas le droit de compter sur le grand mouvement de la France accourant à notre secours. Elle ne change rien ni à nos résolutions , ni à nos devoirs.

» Un seul mot les résume : Combattre ! Vive la France ! Vive la République ! »

*
* *

La communication de M. de Moltke au général Trochu n'a pas produit l'effet que s'en promettait le conseiller militaire de Guillaume. Paris est resté superbe de calme et de dédain. Si la nouvelle se confirme , et la parole de M. de Moltke est sujette à caution, c'est un de ces malheurs qui se voient à la guerre. La France en sera quitte pour reprendre Orléans.

*
* *

Le général Ladreit de la Charrière est mort des blessures qu'il avait reçues , le 30 novembre, en emportant à la tête de ses troupes la redoutable position de Montmesly.

Le 1er bataillon des zouaves s'est conduit dignement dans nos derniers combats , sur vingt et un officiers, il y en a eu dix-huit de tués ou blessés.

Quatre-vingt et unième journée de siége.

Jeudi, 8 décembre 1870.

Les frères Godard ont encore lancé, cette nuit, à une heure, de la gare d'Orléans, un nouvel aérostat parachute, le *Franklin*, conduit par le marin Pierre Marcial, leur élève, accompagné d'un officier supérieur chargé d'une mission du général Trochu.

La nacelle contenait, outre une cargaison de pigeons voyageurs, tout ce qui restait de lettres à expédier pour la France et l'étranger.

Ce matin, le Mont-Valérien se faisait encore entendre et, suivant, sa louable habitude, il détruisait, sans doute, les redoutes que les Prussiens s'obstinent à relever chaque nuit.

A dix heures, ma compagnie a reçu l'ordre de prendre les armes et d'accompagner le bataillon de Vitré dans une reconnaissance du côté de Montretout ; les Bretons, dans cette affaire, ont seuls été engagés ; et, à trois heures, nous rentrions dans Paris, ramenant quelques blessés et une douzaine de prisonniers.

Un incident assez original a égayé notre reconnaissance ; on avait déjà sonné trois fois pour cesser le feu, quand je vis passer au galop le général Noël qui se dirigeait vers notre ligne de tirailleurs ; il paraissait fort en colère et jurait comme un *parpaillot* : mais il était suivi d'un aide-de-camp qui riait dans sa barbe, et cela me fit comprendre que la grande colère du général n'avait rien d'inquiétant ; en effet, ce n'était pas aux Prussiens qu'il en voulait, mais à nos pauvres Bretons qui, malgré ses ordres, continuaient à se battre ; le fait est qu'une fois qu'elle a senti l'odeur de la poudre, la mobile d'Ille-et-Vilaine lâche prise difficilement.

En entreprenant d'écrire au jour le jour l'histoire du siége de Paris, je n'avais pas réfléchi à la responsabilité que j'assumais sur ma tête. Un historien doit rechercher longuément et avec persévérance les documents divers qui peuvent l'éclairer et l'aider à grouper, dans un ordre chronologique, les faits divers dont l'ensemble formera l'histoire proprement dite ; s'il a su se renseigner convenablement, il aura alors parlé de tout et de tous, on pourra attaquer ses appréciations personnelles, mais on ne se plaindra pas qu'il ait passé sous silence tel ou tel fait important, parce qu'il est impossible qu'il n'en ait pas eu connaissance. Ici la tâche est bien autrement lourde. Pour me montrer historien fidèle, je devrais parler de tout et de tous, et, je l'avoue, cela m'est absolument impossible ; car chaque jour est marqué par quelque trait d'héroïsme fatalement condamné à rester dans l'oubli. On part, on se bat, on meurt, et tout est dit ; les faits principaux restent en relief, et les reporters s'en emparent, mais les combats journaliers engagés dans un rayon de vingt lieues et plus restent pour la plupart ignorés. Qu'on me pardonne donc si le nom de tous les braves défenseurs de Paris ne figurent pas à tour de rôle dans ces pages écrites à la hâte.

*
* *

J'ai eu la curiosité d'entrer ce soir un instant à la salle Valentino où se tient le club de la vengeance, et j'ai noté sur mes tablettes le dialogue suivant :

Un orateur. — La guerre est une monstruosité sans doute, mais elle n'en est pas moins une nécessité « impérieuse.... »

Un des assistants, *avec énergie*. — « Impérieuse?... » Nationale !... Dites : Nationale !... Nous avons jeté « l'empire » à bas !...

Et l'on n'a jamais pu l'en faire démordre.

Quatre-vingt-deuxième journée de siége.

Vendredi, 9 décembre 1870.

J'apprends ce matin que le général Renault a succombé aux suites de la blessure grave qu'il avait reçue au combat de Villiers.

Le brave général n'a cessé un seul instant de songer à ses soldats et à la patrie : « Ont-ils des munitions ? » répétait-il à tout moment ; « Ont-ils des vivres surtout ? » Des Sœurs de charité, venues pour l'assister, lui disaient qu'elles allaient prier pour lui : « Priez aussi pour la France, » leur répondit-il.

* *

Les obsèques du général de division Renault, commandant le 2e corps de la 2e armée, auront lieu à l'église des Invalides aux frais de l'Etat.

* *

Le colonel de la Monneraye a succombé aux blessures qu'il avait reçues le 2, au combat de Champigny.

* *

Le commandant Franchetti, qui, à la tête des éclaireurs de la Seine, a rendu de si grands services à la défense de Paris, vient également de succomber aux suites de la blessure qu'il avait reçue, le 2 décembre.

* *

M. Jean de la Croix de Castrie, sous-lieutenant au 1er régiment de marche de lanciers, brigade de Bernis, a été blessé mortellement à Créteil en portant un ordre à une colonne engagée avec l'ennemi.

* *

M. Amédée de Sazilly, commandant d'une batterie de mitrailleuses à l'armée du général Ducrot, grièvement atteint à l'affaire du 2, vient aussi de mourir glorieusement.

* *

On cite encore parmi les blessés du 2 décembre le jeune fils du commandant des francs-tireurs de la Presse, M. Amédée Rolland, ainsi que M. de Talhouët, officier du régiment de la mobile d'Ille-et-Vilaine.

* *

Depuis nos derniers combats, un appel avait été fait à la population parisienne en faveur des militaires convalescents qui allaient se trouver obligés de faire place à nos nouveaux blessés.

En quatre jours, 6,430 lits ont été mis à la disposition du gouvernement.

**

Le capitaine de Baurepaire a réuni les 12,000 volontaires avec lesquels il espère pouvoir franchir les lignes prussiennes et organiser en province une véritable levée en masse.

Il s'est rendu ce matin auprès du général Trochu, qui, conformément à la promesse qu'il lui avait faite, lui a donné l'autorisation officielle de constituer définitivement ce nouveau corps.

**

Parmi les soldats du 108ᵉ de ligne qui, le 2 décembre, faisaient vaillamment le coup de feu contre les Prussiens sur les hauteurs de Bry-sur-Marne, figuraient trois jeunes magistrats, engagés volontaires dans ce brave régiment : M. de Cléry, avocat-général à Alger ; Léopold Sauzède, substitut à Alger, et Georges Potier, substitut à Versailles.

M. Sauzède a été blessé de deux coups de feu au bras et au côté gauche, et M. Potier, d'une balle au genou. Plus heureux que ses deux amis, M. de Cléry n'a eu que sa capote percée de deux balles.

Quatre-vingt-troisième journée de siége.

Samedi, 10 décembre 1870.

Voici le quatrième jour de calme et de repos presque absolu. A peine si le canon s'est fait entendre pendant ce laps de temps. Cependant, cette nuit, les batteries de Saint-Ouen et celles du fort La Briche ont tiré sur les travaux des Prussiens à Orgemont et à Epinay.

**

Depuis hier, il neige à Paris, comme il neigeait à Eylau et sur la Bérésina....

En avant, donc ! et que cette troisième date de la neige, plus glorieuse que les deux autres, soit celle de la délivrance. Courage !

Oui, courage ! Et ce grand Paris, qui sait souffrir comme il sait combattre, n'a qu'un mot aux lèvres : « Nous vaincrons ! »

Dans la journée, huit bataillons de marche de la garde nationale, accompagnés de trois batteries de canons offertes par le troisième arrondissement, se sont rendus sur la place Vendôme pour être passés en revue.

Les trois batteries ont pris position devant l'hôtel de l'état-major de la garde nationale.

Aussitôt, le général Clément Thomas, escorté de son état-major, est arrivé sur la place. Ayant mis pied à terre pour examiner les canons, il a exprimé à M. Bonvalet, maire du troisième arrondissement, toute sa satisfaction de l'empressement que ses administrés ont mis à offrir ces terribles engins de guerre à la défense nationale.

Puis, remontant à cheval, le général a adressé aux troupes cette courte allocution :

« Citoyens,

» Vous nous offrez des canons, bientôt vous nous offrirez des bras pour les servir et des poitrines pour marcher contre l'ennemi. »

La garde nationale à cheval, commandée par le colonel Quillet, est appelée à un service très-actif. Elle est chargée de transmettre des ordres et des dépêches entre les diverses batteries installées sur tous les points de la ligne d'attaque.

Une locomotive blindée, armée d'une mitrailleuse, s'est avancée, ce soir, sur la ligne de l'Est jusqu'au pont établi à 200 mètres en avant de la station de Cagny.

Après avoir tiré plusieurs bordées sur les avant-postes prussiens, situés sur la route de Montfermeil, la locomotive a rétrogradé vers Paris.

Quatre-vingt-quatrième journée de siége.

Dimanche, 11 décembre 1870.

La tranquillité la plus absolue n'a cessé de régner sur toute l'étendue de la ligne d'investissement.

Pendant la nuit et à la faveur du brouillard qui couvrait la plaine, les Prussiens ont eu l'audace de planter au bas du Mont-Valérien, une pancarte portant en allemand ces mots : « Aux valeureux défenseurs du Mont-Valérien, salut de la part » de la 10ᵉ division. »

Le comte de la Roche-Thulon, commandant les éclaireurs de la mobile bretonne, espère rendre bientôt la visite de la 10ᵉ division prussienne.

⁎

Les ouvrages du plateau d'Avron, placés sous la direction du contre-amiral Saisset, sont occupés par le corps franc d'artillerie, organisé par le capitaine Pothier, qui s'y trouve également. L'artillerie du plateau est commandée par le colonel de Stoffel, ancien attaché militaire de l'empire, à Berlin.

Le corps d'artillerie du plateau d'Avron possède un pointeur tout à fait hors ligne, le capitaine Pothier lui-même, qui se multiplie rectifiant le tir de ses pièces, fabriquées sous sa direction chez Flaud. Grâce à ce pointeur exceptionnel, les batteries d'Avron ont détruit dans la gare des marchandises de Chelles, à 7,500 mètres, des approvisionnements considérables entassés là par les Prussiens.

Le gouvernement de la Défense nationale a eu connaissance de la mauvaise foi d'un détachement prussien qui tout dernièrement a fait mine de vouloir se rendre pour tirer ensuite à bout portant sur nos soldats.

En conséquence, un ordre du jour a été lu aux troupes où il leur est interdit de cesser le feu sur un détachement ennemi qui voudrait se rendre, tant qu'il n'aura pas jeté ses armes à terre.

Aujourd'hui dans les vingt arrondissements de Paris, les municipalités ont fait distribuer à leurs administrés, du hareng salé. Par ce temps de siége, c'est un mets recherché ; cela remet de la viande de cheval.

Mais quand on songe que la ration d'une personne pour trois jours est d'un *demi-hareng*, n'est-on pas un peu tenté de s'écrier : « Qu'on me ramène... à l'écurie ? »

Quatre-vingt-cinquième journée de siége.

Lundi, 12 décembre 1870.

Aujourd'hui, Paris, qui avait accueilli par une explosion d'indignation la communication de M. de Moltke, a répondu par un éclat de rire aux terrifiantes dépêches apportées par deux pigeons lâchés, suivant toute apparence, des avant-postes de Prussiens.

Voici ces incroyables dépêches, reproduites ce matin dans l'*Officiel :* ces deux dépêches, dont l'origine prussienne est incontestable, sont précédées des lignes suivantes :

« Le gouvernement, résolûment décidé à communiquer à la population toutes les nouvelles qui l'intéressent, ne croit devoir accompagner d'aucun commentaire la reproduction des dépêches *prussiennes* dont voici le texte :

N° 1.

« Rouen, 7 décembre.

» *Gouverneur de Paris.*

» Rouen occupé par les Prussiens qui marchent sur Cherbourg.

» Populations rurales les acclament ; délibérez. Orléans repris par ces diables. Bourges et Tours, menacés. Armée de la Loire complétement défaite. Résistance n'offre plus aucune chance de salut.

» A. LAVERTUJON. »

N° 2.

« Tours, 8 décembre.

» *Rédacteur Figaro, Paris.*

» Quels désastres ! Orléans repris. Prussiens deux lieues de Tours et Bourges. Gambetta parti Bordeaux. Rouen s'est donné. Cherbourg menacé. Armée Loire n'est plus ; fuyards, pillards, population rurale, partie connivence Prussiens.

» Tout le monde en a assez. Champs dévastés. Brigandage florissant, manque de chevaux, de bétail. Partout la faim, le deuil. Nulle espérance. Faites bien que les Parisiens sachent que Paris n'est pas la France et que la province veut dire son mot.

» *Signature illisible.* »

⁎

Hier, par suite d'un malentendu entre les boulangers et l'administration, le pain a manqué, dans quelques quartiers : il en était résulté une certaine agitation.

Ce matin le Gouvernement s'est empressé de faire afficher l'avis suivant :

« Hier, des bruits inquiétants, répandus dans la population, ont fait affluer les consommateurs dans certaines boulangeries.

» On craignait le rationnement du pain.

» Cette crainte est absolument dénuée de fondement ; la consommation du pain ne sera pas rationnée. »

⁎

Au moment où M. de Talhouët tombait blessé à la jambe, le caporal Jean Decré, de la 7ᵉ compagnie du 2ᵉ bataillon d'Ille-et-Vilaine, le fit mettre immédiatement à l'abri des balles dans une sorte de carrière située à 200 mètres en avant de la redoute de Champigny. A partir de cet instant, le brave caporal ne quitta plus son capitaine, toujours en faisant le coup de feu. Quelques minutes après, M. de La Moussaye, capitaine au 4ᵉ bataillon, tombait à peu de mètres d'eux. Le caporal, aidé d'un homme de sa compagnie, sortit du trou où il était blotti, et alla sous une grêle de balles, relever le capitaine.

A ce même combat de Champigny, le 121° de ligne a perdu trente officiers parmi lesquels M. Réné de Fromont.

On m'apprend à l'instant que M. Emile Texier, lieutenant des mobiles de la Vienne, est mort à l'ambulance du Grand-Hôtel.

M. Chevalier, sous-lieutenant d'artillerie sortant de l'Ecole polytechnique, vient également de succomber à ses blessures, à l'ambulance du Grand-Hôtel.

Un blessé venait de tomber en syncope à la suite d'une hémorrhagie. Ne le voyant pas revenir à lui, le chirurgien qui l'assistait n'hésite pas. Il ouvre sa propre veine, se tire du sang, et le transfuse dans la veine du mourant, qui reprend bientôt ses forces. Ce chirurgien est le docteur Maurice Reynaud.

Quatre-vingt-sixième journée de siége.

Mardi, 13 décembre 1870.

Rien de nouveau dans la situation militaire.

Une action vigoureuse se prépare. Ni le jour ni le lieu ne sont encore fixés. Et c'est fort heureux, puisque les Prussiens savent avant nous les mouvements que l'on médite.

*

* *

Les Allemands nous ont fait, dans les deux affaires du 30 novembre et du 2 décembre, 1,050 prisonniers, dont 30 officiers. Tous ont été envoyés en Allemagne par Metz.

*

* *

Pour venir en aide aux Sœurs noires et aux Sœurs grises qui se sont toutes faites infirmières, les dames de Paris viennent de fonder l'association des Sœurs parisiennes. Celles qui voudraient en faire partie sont priées de se faire inscrire dans le plus bref délai chez Mme Sezzi, 57, rue des Saints-Pères, ou chez Mme Veil, 181, boulevard Sébastopol.

Les dons patriotiques s'élèvent à de si grandes proportions
que j'ai renoncé depuis longtemps à les enregistrer : ils continuent à affluer de tous côtés. Aujourd'hui c'était la Société des
auteurs, compositeurs et éditeurs de musique qui, par l'inter-
médiaire de son agent général, M. L. Rollot, versait à l'œuvre
de souscription patriotique, instituée au profit de Châteaudun,
la somme de 339 fr. 60 c. Je cite par exception le don de la
Société des auteurs dramatiques, parce que mon très-honoré
père en fait partie depuis plus de dix ans.

* *

.On me rapporte qu'un commandant de mobiles voulant être
renseigné sur les avant-postes prussiens, avait demandé un
homme de bonne volonté.

Un officier se présente.

— En quoi vous déguiserez-vous ?

— Je garderai mon uniforme !

— Mais vous serez tué !

A quoi l'officier fait celte réponse que ne ferait pas un Prussien :

— J'aime mieux être tué qu'espion !

Quatre-vingt-septième journée de siége.

Mercredi, 14 décembre 1870.

Cette nuit, la canonnade a été très-vive ; de violentes détonations se succédaient avec une rapidité extraordinaire, dans la
direction de Bicêtre, Ivry et Charenton. On m'a affirmé que les
Prussiens ont fait une démonstration sur Créteil et menacé nos
avant-postes de Maisons-Alfort, et qu'ils ont été énergiquement
repoussés.

Dans la journée, les Prussiens ont tenté une reconnaissance
sur la presqu'île de Gennevilliers. Ils étaient montés sur
d'énormes bateaux par groupes de soixante hommes environ ; la
redoute de Courbevoie leur a envoyé plusieurs obus. Deux pro-

jectiles étant venus s'abattre en plein sur deux barques, les Prussiens sont tombés à l'eau.

* *

L'industrie privée fonctionne avec le plus grand zèle et la plus grande régularité. Ces jours-ci, elle a fourni 6 batteries de canons se chargeant par la culasse, munis de leurs affûts et caissons.

Les grands ateliers Cheylus et Cail ont à peu près terminé les commandes qui leur avaient été faites. Cent mitrailleuses seront livrées d'ici à deux jours. Les chevaux et les conducteurs sont organisés de manière à pouvoir accompagner chaque livraison.

* *

· Un nouveau trait de dévouement que je tiens à signaler à l'honneur des Sœurs de charité, si admirables dans nos malheurs publics :

Quarante-sept d'entre elles avaient été envoyées à Bicêtre pour soigner les varioleux qui y sont hospitalisés ; onze Sœurs succombèrent au hideux fléau. On en demanda onze pour les remplacer : il s'en présenta trente-deux ; on a dû tirer au sort !

* *

Il y a longtemps que je n'ai donné le tarif des denrées alimentaires sur les marchés de Paris, il est cependant assez curieux pour figurer ici. J'ai vu, de mes yeux vu, ce matin même, payer à la Halle, 30 fr. une mesure d'oignons de dix litres, ce qui n'étonnera pas ceux qui ont vu vendre, chez les fruitières, un simple litre d'oignons 3 fr. 75. Un chou vaut 3 fr.; un bien maigre chou-fleur se paie couramment 3 fr. 50 à 4 francs, et un simple poireau vaut, selon sa grosseur, de 25 à 50 centimes. Les choux de Bruxelles sont à 2 fr. 50 le litre; les radis, aussi vilains que possible, à 50 centimes la botte ; les champignons, à 3 francs la livre, et la mâche, à 2 francs. Quant aux carottes, si chères il y a quelques jours (7 fr. 50 une botte de vingt-sept), on en chercherait vainement chez n'importe quelle marchande, de même que les navets et les panais. Pour ce qui est des œufs, on les paye couramment un franc la pièce. On trouve encore du céleri à 2 fr. le pied et du cardon à 3 ou 4 fr. Pour les pommes de terre, leur absence est complète. La betterave vaut 0 fr. 90 à 1 fr. le demi-kilog. Les oies, qui valaient la semaine dernière de 60 à 70 francs, les canards et les poules, qui ne se donnaient guère à moins de 25 francs, ont complétement disparu. Il reste bien quelques lapins, mais on en demande 30 et jusqu'à 40 francs.

Le prix d'une carpe de moyenne grosseur est de 15 à 18 francs, et une langue de bœuf ne se livre pas à moins de 20 francs. Enfin, pour en finir, j'ai vu payer un rat 4 francs, et deux cœurs de chien 2 fr. 50 c.

Quatre-vingt-huitième journée de siége.

Jeudi, 15 décembre 1870.

Ce matin, le bruit du canon se fait entendre à l'ouest et au nord. On parle d'un engagement du côté de Saint-Denis.

**

On connaît l'importance stratégique du plateau d'Avron et de la Grande-Pelouse. Ce plateau, dont nous sommes maîtres depuis le 28 novembre, s'élève en forme de quadrilatère entre Villemomble et Rosny-sous-Bois. Son élévation à Avron est de 115 mètres et perd 5 mètres dans son inclinaison à l'est, au point dit de la Grande-Pelouse. Nos canons postés sur ce point commandent donc toute la plaine qui s'étend à l'est et au nord, et rendent la Marne inaccessible à 7,000 mètres.

Les Prussiens ne peuvent plus aujourd'hui passer cette rivière à Lagny. Ils ont dù évacuer Chelles, où se trouvait leur gare de chemin de fer et où aboutissaient les vivres et les munitions venant d'Allemagne.

Leurs états-majors de Ville-Evrard et de Montfermeil ont été forcés aussi de se porter sur des points plus éloignés.

On conçoit, en conséquence, qu'ils cherchent à s'emparer d'un point qui leur est si incommode. Ils ont tenté de l'occuper

cette nuit par surprise; car, pour l'attaquer de vive force, il
en faudrait faire le siége. Vers une heure, ils avarçaient sous
les branches de la forêt de Bondy et arrivaient, de divers points,
sur Villemomble. C'est en avant de ce village qu'ils ont pris
leur position de combat. Très-forts au centre, ils avaient déployé
sur leurs ailes des bandes de tirailleurs qui devaient attaquer
nos positions par la droite et par la gauche.

Ce sont les ailes qui se sont avancées les premières, longeant
à pas de loup les murs et les arbres des avenues. Nos grands'-
gardes, assaillies, ont riposté par des coups de feu dont il était
difficile d'apprécier la portée. Cependant, la fusillade a pris, à
l'arrivée des renforts, les proportions d'une vraie bataille.

Tandis que nos soldats étaient occupés à droite et à gauche, le
centre de l'ennemi était déjà parvenu à 100 mètres du sommet
du plateau, quand une décharge de toutes nos pièces fit de larges
trouées dans ses rangs. Le feu a continué longtemps. Les Prussiens fuyaient en désordre, poursuivis par nos obus jusque dans
les bois.

Le feu a cessé vers trois heures. Au petit jour, on a vu des
colonnes ennemies filant de Gagny sur Chelles. On a envoyé
plusieurs obus sur la route départementale, pour inquiéter ce
mouvement. Le feu a continué un instant sur les maisons de
Chelles. Les Prussiens se sont tenus à distance respectueuse le
reste de la journée.

Quatre-vingt-neuvième journée de siége.

Vendredi, 16 décembre 1870.

Cette nuit, et pendant toute la journée, les forts du sud et le
Mont-Valérien n'ont cessé de tonner. Ils poursuivent obstiné-
ment la destruction des ouvrages de l'ennemi.

Une pièce d'artillerie nouvellement installée au Mont-Valérien
vient d'envoyer un obus dans le pavillon Henri IV sur la terrasse
de Saint-Germain. La distance est au moins de 8,500 mètres.

Ce terrible engin, porte le nom moins terrible de *Valérie*.

**

Sur toute la rive de la Seine, de Meudon à Saint-Cloud, la fusillade est presque permanente ; elle éclate à intermittences inégales, se répétant dans l'écho sonore des collines voisines.

Saint-Cloud brûle toujours ; des colonnes de fumée montent lentement au-dessus du village.

**

La plupart des bataillons de guerre de la garde nationale sont entrés en ligne aujourd'hui.

**

A la suite des combats, qui ont eu lieu les 30 novembre et 2 décembre, nos morts ont été enterrés en avant de Bry et de Villiers, à l'angle de la route qui part de la fourche de Champigny et de l'avenue conduisant au château du Tremblay.

Ces morts sont au nombre de 875, dont 25 officiers. Trois grandes fosses ont été creusées pour les soldats, rangés au fond, à côté les uns des autres, comme dans nos cimetières : une fosse spéciale a été réservée aux officiers. Sur chacune se trouve une croix de bois. Ce sont les Frères qui, avec un zèle qu'on ne saurait trop louer, ont procédé aux terrassements et à l'ensevelissement.

Le sergent Hoff, qui a pris part au combat du 2 décembre, n'a pas reparu depuis cette époque.

**

Tous les Parisiens connaissent le moulin situé sur la pente du Mont-Valérien, à mi-chemin du fort et du village de Nanterre. Dans la soirée, un détachement du 139ᵉ de marche avait fait une reconnaissance au delà dudit moulin, présentement abandonné. L'un des hommes du détachement, le nommé Lauritz, chasseur de la 4ᵉ compagnie du 3ᵉ bataillon, s'étant trouvé subitement indisposé, fut porté par ses camarades dans la chambre à farine, où on le coucha sur des bottes de paille. Nos soldats, profitant de l'obscurité, poussèrent jusqu'à Rueil, et, après avoir constaté la présence de l'ennemi, ils reprirent le chemin du fort, sans se préoccuper en aucune façon de leur camarade, qu'ils avaient totalement oublié.

Les Prussiens sont de la nature du loup, ils sentent de loin la chair fraîche, et dans une reconnaissance qu'ils firent à leur tour, au milieu de la nuit, dans les environs du moulin de Nanterre, ils éventèrent notre pauvre troupier. Lauritz, remis de son indisposition passagère, ronflait comme un bienheureux, quand le bruit des crosses de fusils qui ébranlaient la porte de sa chambre à coucher le réveillèrent en sursaut. Devinant sur-le-champ à quelle espèce de visiteurs il avait affaire, il eut recours au stratagème suivant, pour dissimuler l'infériorité du nombre.

Le moulin qui lui servait de retraite a deux lucarnes. Devant celle de droite, il dressa une botte de paille surmontée de son képi ; devant celle de gauche, il se mit en observation, en s'écriant à haute voix : — Attention !... Camarades, ils sont cinq, mais nous sommes trois ! la partie est égale !

Cette apostrophe fut suivie de trois coups de feu ; car, outre son chassepot, Lauritz portait un révolver. A cette triple décharge, la patrouille prussienne ne jugea pas prudent de tenter l'assaut, et le voisinage du fort leur inspirant, en outre, une certaine appréhension, ils décampèrent lestement, non sans avoir entendu, de rechef, siffler à leurs oreilles les balles de la garnison.

Depuis ce jour, Lauritz, qui m'a raconté son aventure, a été débaptisé par ses camarades, qui ne l'appellent plus que le commandant Dumoulin.

Quatre-vingt-dixième journée de siége.

Samedi, 17 décembre 1870.

Le canon des forts qui avait tonné presque sans intermittence dans la soirée d'hier, s'est tû vers la fin de la nuit.

* *

On a prétendu, pendant les dernières nuits, qu'on a entendu

le canon dans la direction des Prussiens, et que ce canon ne pouvait être que celui des armées de province. On s'est défié de ces canonnades ; nos officiers d'artillerie ont l'oreille fine. Ces canons tiraient à poudre.

.

Ce matin, à une heure et demie, deux ballons-poste construits par les frères Godard se sont élevés simultanément de la gare d'Orléans : le *Guttemberg*, sous la conduite du marin Perruchon, était monté par trois voyageurs, et emportait de nombreux bagages ; le *Parmentier*, aéronaute marin Paul (Louis), emmenait deux voyageurs et toutes les lettres de la poste.

La journée a été calme, et les pluies torrentielles qui détrempent les terres rendent difficile la reprise des opérations d'ensemble.

.

La ville de Paris a déjà été assiégée sept fois :

— En 885, par les Normands qui furent obligés de lever le siége au bout de treize mois.

— En 978, par les Allemands qui, chassés par le roi Lothaire, furent poursuivis jusqu'à Soissons.

— En 1359, par les soldats de Charles le Mauvais, roi de Navarre, qui se retirèrent en toute hâte à l'approche des armées venues au secours de la place.

— En 1360, par les Anglais, sous le commandement d'Edouard III. Ce siége dura trois mois ; et, grâce aux sorties héroïques des habitants, l'ennemi dut renoncer à s'emparer de la ville.

— En 1429, par les Français, sous le commandement de Charles VII et de Jeanne d'Arc. Il s'agissait alors pour le roi de France de reprendre aux Anglais la capitale de son royaume. Ce cinquième siége ne réussit pas mieux que les précédents, et ce fut seulement en 1436 que la Pucelle put entrer par surprise dans Paris jusqu'alors imprenable.

— En 1589, par Henri IV que les ligueurs refusaient de reconnaître pour héritier d'Henri III. Ce siége, le plus terrible

de tous, dura neuf mois, et la famine seule ouvrit les portes de
la ville.

— En 1870, l'histoire dira que le septième siége de Paris,
commencé le 17 septembre 1870, fut fait par huit cent mille
Allemands.

Aujourd'hui, 17 décembre, on ne sait pas encore quelle en
sera l'issue.

Quatre-vingt-onzième journée de siége.

Dimanche, 18 décembre 1870.

Peu d'opérations militaires, par ce temps de brume et de
pluie.

Bicêtre et les Hautes-Bruyères ont fortement canonné l'Hay.
Le Mont-Valérien a lancé quelques obus sur Rueil où l'ennemi
semblait menacer nos avant-postes.

*
* *

On remarque ce matin de grands mouvements de troupes sur
les lignes de circonvallation prussiennes.

Les assiégeants, qui avaient fixé les fêtes de Noël comme
limite extrême de la prise de Paris, auraient-ils l'intention de
tenter une attaque ?

M. de Bismarck avait déclaré à M. Jules Favre que 48 heures
suffiraient à l'armée prussienne pour s'emparer d'un ou de deux
de nos forts, après quoi il ne nous resterait plus qu'à capituler.

Les fêtes de Noël ne sont pas loin : et nous allons voir comment les Prussiens mettront à exécution leur menace.

Quatre-vingt-douzième journée de siége.

Lundi, 19 décembre 1870.

Hier soir, à neuf heures, on signalait quelques fusillades
d'avant-postes dans la vallée d'Arcueil, et un incendie allumé
par nos projectiles entre Chelles et le moulin de Gournay.

Le bruit d'un succès éclatant de nos armées de secours se répand ce matin.

*
* *

A partir d'aujourd'hui, 19 décembre, les portes de Paris resteront absolument fermées.

*
* *

On m'apprend que chaque jour, à compter de demain, il partira un ballon de Paris chargé de transporter en province nos lettres et les dépêches du Gouvernement.

*
* *

Midi : Il paraît certain, d'après des informations parvenues à Paris, que l'armée de la Loire a obtenu, à la suite de l'évacuation d'Orléans, des avantages considérables sur l'armée du prince Frédéric-Charles.

D'excellentes nouvelles sont également arrivées de l'armée d'Auvergne qu'il est bon de compter parmi les meilleurs appoints de la résistance en province. On dit qu'elle n'a pas moins de cent mille hommes, très-bien armés et tous animés d'un patriotisme ardent.

*
* *

Les chevaux de luxe seront très-vraisemblablement réquisitionnés cette semaine.

*
* *

Quand Napoléon III eut déclaré la guerre à la Prusse, le conseil des généraux se réunit sous la présidence de M. de Moltke, qui, penché sur une grande carte de France étalée devant lui, promenait son doigt maigre sur les lignes et disait :

— Vous prendrez Sedan, puis Strasbourg, puis Metz, puis Paris, puis...

Au nom de Paris, le prince Frédéric-Charles l'arrêta :

— Mais, général, lui dit-il, on ne prend pas les villes comme Paris avec le doigt.

M. de Moltke doit s'en apercevoir aujourd'hui.

Quatre-vingt-treizième journée de siége.

Mardi, 20 décembre 1870.

J'étais de garde cette nuit aux avant-postes de Vitry, où pas un coup de fusil n'a été tiré.

La journée s'annonce relativement belle ; le baromètre monte, le temps se refroidit peu à peu, les terres se raffermissent, le vent souffle du nord, et tout fait espérer une prochaine reprise des hostilités.

* *

Je ne me suis pas trompé. A partir de dix heures, le canon du Mont-Valérien a commencé son vacarme. Plusieurs régiments de cavalerie traversent Paris et se dirigent du côté du Point-du-Jour. Je viens de croiser, dans l'avenue de la Grande-Armée, des bataillons de garde nationale qui partent pour les avant-postes, parents et amis les accompagnent. Les femmes, à l'heure des adieux, ont une courageuse attitude, et le dernier mot qu'on entend, entre les deux derniers baisers, c'est : « Battez-vous bien ! »

On devient Spartiate, à Paris !

* *

Mon bataillon reçoit à l'instant l'ordre d'aller remplacer à Vincennes un détachement parti, dans la journée, pour Bezons où une action importante est engagée, dit-on au moment où nous nous mettons en route. Aucune nouvelle du dehors ne m'est encore parvenue, mais le canon se fait entendre au lointain.

* *

Nous venons de prendre possession de nos logements dans le fort.

L'ambulance du château est desservie par des dames du monde qui se sont faites infirmières. Au moment où je traverse une des salles réservées aux blessures graves, un jeune soldat

mourait dans les bras d'une de ces admirables Sœurs grises :
— Adieu , ma Sœur, lui disait-il ; et elle de lui répondre d'une
voix douce et touchante : — Non pas adieu , mon cher enfant,
mais au revoir là-haut !

Quatre-vingt-quatorzième journée de siége.

Mercredi , 21 décembre 1870.

Pendant toute la nuit on a signalé un grand mouvement de
troupes.

L'attaque a commencé ce matin sur un grand développement,
depuis le Mont-Valérien jusqu'à Nogent. Le combat est engagé
et continue avec des chances favorables pour nous, sur tous les
points. Le gouverneur est à la tête des troupes.

* *

J'apprends par un blessé, qu'on vient d'amener à l'ambulance,
que les marins et la garnison de Saint-Denis ont fait des pertes
assez sérieuses dans l'attaque du Bourget, qui, d'ailleurs, a été
fort contrariée par une brume intense, très-gênante pour l'action
de notre artillerie.

* *

Quatre heures : C'est décidément une grande bataille, l'artillerie est admirable.

A Stains et au Bourget, nos troupes, combattant à l'arme
blanche, ont rencontré des fortifications et des murailles.

Les francs-tireurs de la presse se sont comportés vaillamment.
Leur commandant Rolland, tombé de cheval, blessé, est demeuré,
dit-on ; sur le champ de bataille. Tous leurs officiers ont payé
de leur personne, et quelques-uns de leur vie.

Le 134e a été vaillant et s'est remarquablement signalé.

* *

Six heures : L'impression générale est que la journée a été, si
non décisive, du moins brillante : cette première bataille n'est
du reste que le prélude des grandes opérations qui vont s'ac-
complir.

Nos armées, pleines d'ardeur et d'espoir, ont emporté des vivres pour plusieurs jours, et le service des munitions se fait avec la plus régulière activité.

*
* *

Huit heures : Des blessés en grand nombre sont dirigés sur Vincennes : ils confirment ce que j'ai déjà constaté aujourd'hui, les marins ont beaucoup souffert : selon leur habitude, ils ont abordé l'ennemi à la hache, portant leur fusil en bandoulière. Sur six cents qui ont donné dans l'action, deux cent soixante-dix-neuf ont manqué à l'appel.

Quatre officiers de marine ont été tués : MM. le vicomte Duquesne, Laborde, Moran, Pelletreau.

MM. Bouissait, Caillard, Patin et Witz ont été blessés.

Le commandant de cette brigade de fusiliers-matelots, M. le capitaine de frégate Lamothe-Tenet, a vu tomber à ses côtés ses deux officiers d'ordonnance, et son cheval a été atteint d'une balle à bout portant.

*
* *

Dix heures : La nuit ayant interrompu le combat, nos troupes campent sur les positions conquises.

Quatre-vingt-quinzième journée de siége.

Jeudi, 22 décembre 1870.

On lit ce matin sur les murs de Paris les rapports suivants :

« Les opérations militaires, engagées hier, ont été interrompues par la nuit.

» Sur notre droite, les généraux de Malroy et Blaise, sous les ordres du général Vinoy, ont occupé heureusement Neuilly-sur-Marne, la Ville-Evrard et la Maison-Blanche. Le feu de l'ennemi a été éteint sur tous les points où il avait établi des batteries pour arrêter notre action, à la suite d'un combat d'artillerie très-vif.

» Le général Favé, commandant l'artillerie de la 3ᵉ armée, a été blessé.

» Le plateau d'Avron et le fort de Nogent ont appuyé l'opération.

» Dès le matin, les troupes de l'amiral La Roncière ont attaqué le Bourget ; elles étaient composées de marins, de troupes de ligne et de gardes mobiles de la Seine.

» La première colonne qui avait pénétré dans le village n'a pu s'y maintenir ; elle s'est retirée, après avoir fait une centaine de prisonniers qui ont été dirigés sur Paris.

» Le général Ducrot fit alors avancer une partie de son artillerie, qui engagea une action très-violente contre les batteries de Pont-Iblon et de Blancmesnil. Il occupe ce soir la ferme de Groslay et le Drancy.

» Du côté du Mont-Valérien, le général Noël, vers sept heures du matin, a fait une démonstration à gauche sur Montretout, au centre sur Buzenval et Longboyau, en même temps que, sur sa droite, le chef de bataillon Faure commandant du génie du Mont-Valérien, s'emparait de l'île du Chiard. Au moment où cet officier supérieur y pénétrait à la tête d'une compagnie de francs-tireurs de Paris, il fut blessé très-grièvement. Le capitaine Haas, qui commandait cette compagnie, fut tué roide.

» La garde nationale mobilisée a été engagée avec les troupes ; tous ont montré une grande ardeur.

» Le gouverneur passe la nuit avec les troupes sur le lieu de l'action.

» Du fort d'Aubervilliers.

» Conformément à vos ordres, nous avons attaqué le Bourget ce matin. Le bataillon des marins et le 138ᵉ, sous l'énergique direction du capitaine de frégate Lamothe-Tenet, ont enlevé la partie nord du village, en même temps qu'une attaque, menée vigoureusement par le général Lavoignet dans la partie sud, se voyait arrêtée, malgré ses efforts, par de fortes barricades et des murs crénelés qui l'empêchaient de dépasser les premières maisons dont on s'était emparé.

» Pendant près de trois heures, les troupes se sont maintenues dans le nord du Bourget, jusqu'au delà de l'église, luttant pour conquérir les maisons une à une sous les feux tirés des caves et des fenêtres, et sous une grêle de projectiles. Elles ont dû se retirer ; leur retraite s'est faite avec calme.

» Simultanément, une diversion importante était effectuée par les 10ᵉ, 12ᵉ, 13ᵉ, 14ᵉ bataillons des gardes mobiles de la Seine et une partie du 62ᵉ bataillon de la garde nationale mobilisée de Saint-Denis, sous le commandement du colonel Dautremon.

» Enfin, au même moment, le 68ᵉ bataillon de la garde nationale mobilisée de Saint-Denis se présentait devant Epinay, tandis que les deux batteries flottantes, nᵒˢ 1 et 4 canonnaient le village ainsi qu'Orgemont et le Cygne d'Enghien, qui ripostaient vigoureusement.

» Nos pertes sont sérieuses, surtout parmi le 134ᵉ et le 138ᵉ. Bien que notre but n'ait pas été atteint, je ne saurais assez louer la vaillante énergie dont nos troupes ont fait preuve. Cent prisonniers prussiens ont été ramenés du Bourget.

» DE LA RONCIÉRE LE NOURRY. »

*
* *

Ce sont cinq bataillons de la garde nationale mobilisée, les 91ᵉ 207ᵉ, 34ᵉ, 223ᵉ, et un bataillon de Montmartre dont le numéro m'échappe, qui ont occupé hier Neuilly-sur-Marne.

*
* *

La nuit dernière, des soldats ennemis, restés dans les caves de la Ville-Evrard, ont fait une attaque sur les postes occupés par les troupes. Nos hommes, ayant riposté vigoureusement, ont tué ou fait prisonniers la plus grande partie des assaillants. Malheureusement le général Blaise, qui s'était porté en toute hâte à la tête de ses troupes, a été mortellement atteint. Il est l'objet des plus vifs regrets dans la brigade qu'il commandait.

On ne sait rien encore sur les opérations militaires qui ont dû se poursuivre à l'est de Paris, mais l'artillerie y a sûrement joué un grand rôle.

De minute en minute, la fumée du canon montait sur les bois qui nous ferment l'horizon à l'extrême droite de nos lignes.

Quatre-vingt-seizième journée de siége.

Vendredi, 23 décembre 1870.

La nuit a été rude pour nos soldats. Cependant, le froid le plus intense n'a pas arrêté leurs efforts, et ils ont travaillé activement aux tranchées ouvertes, destinées à les abriter contre les coups de l'ennemi. Ces tranchées, commencées hier dans la journée pendant que l'artillerie harcelait les avant-postes prussiens, n'ont été ouvertes qu'avec les plus grandes difficultés ; la terre, gelée à plusieurs pouces de profondeur, était devenue d'un maniement extrêmement difficile. Il est probable que cette recrudescence du froid, qui paralyse les membres de nos pauvres troupiers, va nous obliger à suspendre les opérations projetées. La journée d'hier, sur laquelle on semblait compter pour compléter les succès obtenus la veille, n'a, en effet, été signalée que par une canonnade vigoureuse à l'est, et par une brillante reconnaissance à l'ouest dans les bois de Clamart. Mon cousin Kergonnou, dont le bataillon est caserné au fort d'Issy, faisait partie de cette reconnaissance, et comme justement il était venu la veille pour me demander si j'avais des commissions pour Clamart, je l'avais chargé, en plaisantant, de me rapporter le chat de ma grand'mère, si, par hasard, il le trouvait sur sa route. Je dois dire, en passant, que ma chère bonne maman a un faible très-prononcé pour cet affreux animal, qui m'a souvent griffé.

Hier donc, à une heure de l'après-midi, six compagnies de mobiles sortaient du fort d'Issy, pour pousser une reconnaissance sur les hauteurs boisées qui dominent Clamart.

Guidé par le garde-champêtre Burdin, qui connaît admirablement le pays, le détachement a gravi sans difficultés le coteau du Moulin, et est entré prudemment dans la forêt par une brèche pratiquée dans un mur, derrière la plâtrière de la Vallée.

Couvert par une ligne de tirailleurs, le bataillon de mobiles s'est avancé dans une des grandes avenues jusqu'aux environs des huit routes. Tout était silencieux dans la forêt, et aucun bruit n'avait encore trahi la présence de l'ennemi. Mais au détour d'un chemin se dresse la première barricade et retentit le premier coup de feu. L'alarme était donnée, les Prussiens étaient là, à quelques mètres, cachés derrière les arbres ou blottis dans les buissons. Aussitôt une vive fusillade s'engage sur divers point. Les balles, traversant les taillis, blessent plusieurs de nos soldats. Enfin, après une lutte de deux heures contre des ennemis presque invisibles, le bataillon, traversant Clamart, rentrait au fort d'Issy.

Et Kergonnou n'avait pas oublié ma recommandation, il apportait dans son sac le chat de ma grand'mère.

Si j'osais en faire une gibelotte?

Quatre-vingt-dix-septième journée de siége.

Samedi, 24 décembre 1870.

Cette nuit, les forts de Montrouge et de Bicêtre ont tonné depuis minuit un quart jusqu'à trois heures. Vers trois heures, la canonnade avait pris une grande intensité.

*
* *

L'artillerie du plateau d'Avron continue d'inquiéter l'ennemi et lui rend presque impraticables les communications par la route de Chelles.

*
* *

Un des prisonniers saxons enlevé à la Ville-Evrard et qui fait partie du 107ᵉ régiment de la Confédération, déclare qu'au combat de Villiers-sur-Marne à Petit-Bry, là où était engagé le corps du prince Georges de Saxe, son seul régiment a perdu huit cents hommes.

*
* *

Le nom du sous-lieutenant des zouaves Houel mérite d'être mis à l'ordre du jour.

A l'attaque du château de Villiers, au moment où les zouaves chargeaient sous une pluie de mitraille, Houel reçut une balle dans le ventre. La blessure était mortelle. Arc-bouté sur le coude gauche, l'officier saisit un sabre de soldat, et, pendant tout le défilé, ne cessa de crier : « En avant, mes zou-zou, en avant ! conduisez-vous bien, mes enfants, et vive la France. »

Vingt minutes après, il était mort.

*
* *

Paris est toujours dans l'attente, et la grande attaque projetée ne paraît que suspendue. Mais nous avons à lutter non-seulement contre les ennemis, mais encore contre les éléments.

Quatre-vingt-dix-huitième journée de siége.

Dimanche, 25 décembre 1870.

La nuit de Noël devait se passer sans combat.

La naissance du Sauveur du monde est un grave sujet de réflexions pour les victimes, comme pour le bourreau.

*
* *

Paris, surexcité depuis trois jours par le bruit des batailles, a repris aujourd'hui sa physionomie ordinaire : il y a beaucoup de monde ce matin dans les églises, et probablement ce soir une foule incessante encombrera les boulevards. A défaut de nouvelles touchant les opérations militaires qui se continuent sans doute aujourd'hui bien au delà des forts, je crois devoir signaler cet épisode intéressant du 23 :

Le 5e bataillon des mobiles d'Ille-et-Vilaine, le bataillon de Saint-Malo, commandant Lessart, avait ordre de pousser une reconnaissance, en partant du plateau d'Avron sur la route de Gagny à Gournay, en passant par la Maison-Blanche.

Dans l'angle obtus formé par cette route départementale et la
grande route nationale de Paris à Strasbourg, après Neuilly-sur-
Marne, après Villeviard , se trouve la propriété du Chesnay,
appartenant au comte Roger du Nord.

Or, pendant que le propriétaire du lieu , avec ses soixante-
dix ans, sa verdeur et sa bravoure bien connues , se fait mettre
à l'ordre de l'armée , nos ennemis ont continué de hanter
chaque jour dans la matinée son château, et hier matin tout un
groupe d'officiers y déjeunait sous la garde d'un poste que
nous eussions dû enlever sans quelques coups de fusil envoyés
par les éclaireurs des mobiles et qui ont donné l'alarme.

Après une courte fusillade , qui ne nous a fait à nous que
deux ou trois blessés, nous étions les maîtres et nous ramassions
les casqués de ces messieurs , qui n'avaient eu que le temps
d'enjamber les fenêtres et de se sauver en essuyant notre feu.

Le déjeuner était achevé, restait à prendre le café, et ce sont
les officiers du 5ᵉ bataillon des mobiles bretons qui l'ont pris ,
à la place de ceux pour qui il était versé.

Quatre-vingt-dix-neuvième journée de siége.

Lundi , 26 décembre 1870.

Les troupes ont cruellement souffert pendant la dernière nuit :
de nombreux cas de congélation se sont produits.

Le travail des tranchées a dû être arrêté par suite de la dureté
du sol, qui est gelé jusqu'à 50 centimètres de profondeur.

Dans cette situation, devenue grave pour la santé de l'armée,
et qui pourrait l'atteindre dans son moral, le gouverneur de
Paris a décidé que tous les corps qui ne seraient pas nécessaires
à la garde des positions occupées, seraient cantonnés de manière
à être abrités. Ils s'y remettront des pénibles épreuves qu'ils
viennent de subir et seront prêts à agir selon les événements.

Une partie des bataillons de la garde nationale employés au
dehors rentrera dans Paris. Ceux qui resteront devant les posi-

tions seront cantonnés comme la troupe et relevés à tour de rôle. Les mesures que l'on vient de prendre pour sauvegarder la santé de nos troupes ont été nécessitées par une température exceptionnelle. Elles n'impliquent à aucun degré l'abandon des opérations commencées.

* *

Les tranchées autour du Bourget sont achevées, et notre position y est fortement établie.

Tout porte à croire d'ailleurs que le Bourget est actuellement évacué par les Prussiens. L'ennemi, menacé par nos travaux d'approche, a dû s'en retirer, et il est douteux qu'il y revienne.

* *

Le lieutenant Lamouroux, du 3e régiment de zouaves, est le plus jeune de cinq frères dont trois ont été tués et le quatrième amputé pour blessures. Il a été grièvement atteint au plateau d'Avron. Ce brave garçon en est à sa sixième blessure : il a reçu la première à Reischoffen, la seconde à Gravelotte, la troisième sous les murs de Sedan, la quatrième au Bourget, la cinquième à Champigny et la sixième au plateau d'Avron.

* *

Dans une proclamation qu'il vient d'adresser à son armée, le roi de Prusse reconnaît hautement les « *efforts extraordinaires* » de Paris et de la province. Il est moins fanfaron que ses soldats qui écrivaient hier sur les murs de la Ville-Evrard : « Dans huit jours nous cavalcaderons dans les rues de Paris. »

Centième journée de siége.

Mardi, 27 décembre 1870.

Cette nuit, l'ennemi a fait sauter la Gare-aux-Bœufs de Choisy.

L'ennemi a démasqué ce matin des batteries de siége contre les forts de l'est, de Noisy à Nogent, et contre la partie nord du plateau d'Avron. Ces batteries se composent de pièces à longue portée.

En ce moment, onze heures, le feu est très-vif contre les points indiqués, et comme cette canonnade pourrait être le prélude d'un bombardement général de nos forts, toutes les dispositions sont prises dans le but de repousser les attaques et de protéger les défenseurs. Il paraît probable que l'ennemi, fatigué d'une résistance de cent jours, se dispose à employer contre nous les moyens d'attaque, à grande distance, qu'il a depuis longtemps rassemblés.

* *

La canonnade prussienne a duré jusqu'à cinq heures, entretenue plus ou moins activement. Nos pertes s'élèvent à environ huit tués et cinquante blessés, dont quatre officiers de marine.

Au fort de Noisy, il n'y a eu aucun homme atteint; deux hommes du fort de Rosny et trois de celui de Nogent ont été blessés.

En résumé, cette première journée de bombardement partiel contre nos avancées et nos forts, avec des moyens dont la puissance est considérable, n'a pas répondu à l'attente de l'ennemi.

Notre feu, très-vif, a dû lui faire éprouver des pertes sérieuses sur les points les plus à portée du plateau.

Sous prétexte d'un échange de prisonniers, un général prussien nous apprend la nouvelle d'un insuccès de notre armée du Nord. La population de Paris est à l'épreuve de ces tentatives d'intimidation. Elle sait que la France est debout, et que chaque jour qui s'écoule augmente le nombre de nos défenseurs au dehors; cela lui suffit pour supporter courageusement les épreuves dont l'issue infaillible est la délivrance.

* *

Le gouvernement vient de découvrir, à Paris, plusieurs millions de kilogrammes de fécule. Cette fécule était conservée dans de vastes citernes, sortes de silos, et servait à la fabrication du sirop de fécule, de la bière et du pain d'épice.

Grâce à cette réserve inattendue, nous aurons du pain pour quinze jours de plus.

Et comme dit le proverbe :

Avec du pain et du vin,
On ne meurt pas de faim.

Si la rime n'est pas riche, elle est du moins à son aise.

*
* *

La température est toujours rigoureuse ; hier, nous avons eu 12 degrés au-dessous de zéro à deux heures. ·

Aujourd'hui, nous ne sommes plus qu'à 10 degrés.

Encore un peu de patience, le froid et les Prussiens s'en iront.

Cent et unième journée de siége.

Mercredi, 28 décembre 1870.

Une opération sur la Maison-Blanche conduite à la pointe du jour par le colonel Valette, avec trois bataillons de mobiles, a été très-bien dirigée. La grand'garde ennemie a été chassée du parc ; on a fait six prisonniers.

Le mur a été complétement abattu, ce qui ôte à l'ennemi toute possibilité de s'y abriter pour inquiéter nos postes. Nos pertes sont de un homme tué et huit blessés, dont un officier.

*
* *

Un escadron de la garde nationale à cheval s'est réuni ce matin à la place Vendôme pour aller escorter des canons de nouvelle fabrication qui devaient être conduits à un poste avancé.

*
* *

C'est sans doute pour célébrer le centenaire du siége que les artilleurs du roi Guillaume ont ouvert le feu des fameux canons Krupp contre le plateau d'Avron et les forts de Nogent, de Rosny et de Noisy. Plus de trois mille obus ont été lancés par les assié-geants pour nous mettre une cinquantaine d'hommes hors de combat. Si les Prussiens continuent de ce train, il est certain que sous peu de jours ils manqueront de poudre et de munitions.

* *

Des bandes de ravageurs se sont organisées : elles ont essayé ces jours-ci de piller des chantiers, d'envahir les jardins où ils ont commencé à couper des arbres. Une pauvre femme que j'ai rencontrée portant sur son dos un volet, disait à une de ses voisines.

— J'ai fait une bonne trouvaille, grâce à laquelle nous pourrons, ce soir, manger une *fricassée de pain sec*.

Cent deuxième journée de siége.

Jeudi, 29 décembre 1870.

Le bombardement, commencé hier, continue aujourd'hui. L'ennemi a dirigé contre nous le feu de ses batteries de gros calibre et couvert de plusieurs milliers de projectiles de 24 les forts de Rosny, de Noisy, de Nogent et le plateau d'Avron. En ce qui regarde les forts, leurs garnisons n'ont eu, en réalité, que peu à souffrir. Selon l'usage, les hommes qui n'étaient pas de service avaient reçu l'ordre de se retirer dans les casemates blindées.

Il n'en pouvait être de même sur le plateau d'Avron. Cette position, entièrement découverte, n'offre à nos soldats, en dehors des tranchées de campagne, dont elle est entourée, aucun abri naturel. Toute la matinée, le plateau a été labouré par le tir de huit batteries convergentes. Le gouverneur s'est rendu sur les lieux ; il a visité les tranchées, encouragé les soldats, et donné les ordres nécessaires.

Selon toute probabilité, c'est le bombardement qui commence, le bombardement par les fameux canons Krupp, tant de fois annoncés.

Plusieurs des projectiles envoyés par les *quatre-vingts* bouches à feu dirigées contre nos forts par les nouvelles batteries prussiennes, pèsent 50 kilogrammes.

Deux heures : Le gouverneur revient à l'instant du plateau d'Avron qu'il avait déjà visité ce matin.

Nos pièces, moins puissantes que les canons Krupp, ayant dû renoncer à faire feu, le plateau est devenu tout à fait intenable pour l'infanterie.

Le gouverneur avait le devoir impérieux de soustraire cette artillerie et ces troupes à une situation que l'intensité croissante du feu de l'ennemi ne pouvait qu'aggraver : il vient d'ordonner la rentrée des pièces en arrière des forts.

*
* *

Parmi les généraux qui prennent une part active à la défense de Paris, il en est un que le public connaît à peine et qui, depuis l'investissement, rend chaque jour de grands services au pays ; nous voulons parler du général Tripier, qui commande en chef le génie à Paris, comme il le commandait en 1855 au siége de Sébastopol.

*
* *

Le commandant Delclos, du 5ᵉ bataillon de la Seine, a opéré aujourd'hui une vigoureuse reconnaissance sur le Bas-Meudon et le Val-Fleury à la tête de 12 compagnies des 4ᵉ et 5ᵉ bataillons de la Seine et du 3ᵉ de la Somme. Le commandant Delclos fit fouiller ces trois villages où restent encore quelques habitants, et d'où les postes prussiens s'enfuirent à notre approche.

*
* *

Le thermomètre de M. Arthur Chevalier, du Palais-Royal, marquait hier à six heures du matin 7 degrés 1 dixième au-dessous de zéro ; il marquait à 2 heures du soir : 4 degrés 3 dixièmes. La température la plus basse de la nuit avait été de 8 degrés 6 dixièmes.

*
* *

Dès l'invasion du froid, le maire de Paris a ordonné de vastes abatis dans les bois de la ville ; le bois de Boulogne et le bois de Vincennes ont été mis en coupe réglée.

Les plantations qui bordent les routes nationales et départementales sont sacrifiées sans distinction ; les gros arbres de nos boulevards sont coupés et débités.

En même temps, tous les chantiers qui renferment des bois de démolition ont été mis en réquisition ; et, malgré l'énorme dépense, nous n'hésitons pas à livrer à la consommation les bois de sciage et de charpente réservés d'habitude à la construction.

Cent troisième journée de siége.

Vendredi, 30 décembre 1870.

L'évacuation du plateau d'Avron s'est effectuée pendant la nuit et dans la matinée. L'enlèvement des pièces s'est fait avec rapidité et sans aucune perte de notre part.

* *

Un certain nombre des canons qui armaient une position devenue intenable ont été placés dans une redoute qui, avec l'artillerie des forts, empêchera l'ennemi de s'installer sur le plateau maintenant inoccupé.

* *

La troupe et les mobiles, en quittant leurs positions, sont d'abord venus se placer dans les carrières qui y ont été creusées, et, à quatre heures du matin, on les abandonnait définitivement.

Le feu des Prussiens, malgré son effrayante intensité, ne nous a fait éprouver que des pertes véritablement insignifiantes. Aucune de nos pièces n'a été démontée.

* *

Les habitants de Rueil et de Nanterre ont été informés, ce matin, qu'ils feraient bien de se réfugier à Paris, afin de ne pas être exposés aux obus prussiens, l'attaque du Mont-Valérien *devant commencer très-prochainement.*

* *

Les artilleurs de la garde nationale de la Seine ont été répartis dans les trois forts, aujourd'hui menacés, de Romainville, de Noisy et de Rosny.

On prétendait ce soir sur les boulevards que si les Prussiens bombardent nos forts, c'est pour dissimuler la grande quantité de troupes qu'ils envoient au secours de Frédéric-Charles.

Cent quatrième journée de siége.

Samedi, 31 décembre 1870.

Le feu des batteries ennemies a continué toute la journée. Les forts de Rosny, Noisy et Nogent sont toujours bombardés ; mais les Prussiens ont trop l'expérience de la guerre pour ne pas savoir que les sacs de terre obvieront aux ravages que pourraient faire leurs projectiles.

La durée d'un bombardement, dans une place ravitaillée en sacs de terre pour la réparation des brèches, peut être indéfinie. La question des vivres a donc seule des limites, et Dieu veuille que nous ne nous fassions pas d'illusions à ce sujet.

*
* *

La route de Noisy-le-Sec au village de Rosny était aujourd'hui impraticable, ou tout au moins dangereuse à traverser, car les obus de l'ennemi n'ont cessé d'y pleuvoir.

On dit le fort de Rosny assez endommagé, mais nullement de manière à gêner sa défense.

*
* *

La Malmaison était devenue, depuis longtemps, un nid de Prussiens. Après l'avoir canonnée plusieurs fois, le Mont-Valérien vient de l'incendier tout à fait. A l'heure qu'il est, il ne reste plus là qu'un monceau de débris.

Encore un souvenir historique qui disparaît.

*
* *

La nouvelle d'une grande bataille gagnée par le général Chanzy contre le prince Frédéric-Charles s'est subitement répandue.

Il paraît certain qu'une bataille a été livrée, et si nous avions été vaincus, nul doute que M. de Moltke ne se fût arrangé de manière à nous faire connaître notre défaite.

Cent cinquième journée de siége.

Dimanche, 1er janvier 1871.

Cette nuit, un ballon-poste est parti de la gare d'Orléans. Il a emporté bien des souvenirs émus, bien des souhaits mêlés d'amertume et d'inquiétude; de pauvres lettres troublées où l'espoir émarge timidement des souffrances endurées pendant un siége de trois mois et demi.

Que les vents lui soient favorables, et qu'il aille consoler les chers absents de cette cruelle et longue séparation.

L'ennemi a tiré pendant une grande partie de la nuit; nous avons eu quelques blessés parmi les tiavailleurs, et un lieutenant d'artillerie de la garde nationale tué.

Dans nos forts, peu de blessés, peu de dommages. Le bombardement de Bondy a redoublé d'intensité.

Ce matin, l'attaque est plus vive, les coups se succèdent presque sans interruption. .

* *

Le 1er janvier s'est levé dans la brume froide; la Seine charriait des glaçons ; les passants du Pont-Neuf s'arrêtaient à peine quelques secondes pour pointer leur nez rouge sur le thermomètre de l'ingénieur Chevalier. Sur le canal de la rive gauche, les mariniers de la flottille prisonnière cassaient, à coups de pic, la glace de notre *port de mer*. Et le canon tonnait violemment, de l'est au nord-est.

Politesse pour politesse. A minuit, pendant qu'on s'embrassait en famille, en se disant le sacramentel : *Plus de Prussiens, vous savez !* nos forts envoyaient à l'ennemi une solennelle bordée de nouvel an.

* *

A six heures du matin, tout le haut de la rue de Belleville était en émoi. Les tambours battaient, les clairons sonnaient, et les habitants du quartier ouvraient leurs fenêtres en criant aux armes ! Les voisins entraient les uns chez les autres, inquiets, effarés ; ils entendaient battre la générale, les Prussiens étaient aux portes de Paris, etc., etc. Ce n'est que lorsque le jour parut tout à fait que l'on s'aperçut que MM. les tapius venaient tout bonnement souhaiter la bonne année à leur commandant.

*
* *

Par suite des cruelles privations qui nous sont imposées, la mortalité a crû cette semaine dans d'effroyables proportions. On a compté 3,280 décès, soit 552 de plus que la semaine dernière. A la variole qui a tué 451 personnes, il faut ajouter la fièvre typhoïde, qui figure pour 250 cas dans cette lugubre nomenclature.

*
* *

Un conseil extraordinaire auquel ont assisté plusieurs officiers généraux, parmi lesquels nous citerons MM. Vinoy, Ducrot, La Roncière Le Nourry, a eu lieu ce soir à huit heures. De grandes résolutions y ont été prises, après une longue discussion.

*
* *

Dès les premiers jours du siége, les étrangers qui sont restés à Paris se sont tous mis à la disposition du Gouvernement, et ont apporté leur concours à la défense nationale. Ne pouvant en leur qualité de *neutres* prendre les armes, ils se sont dévoués au secours des blessés.

C'est ainsi que nous avons des ambulances américaines, belges, suisses, espagnoles et italiennes.

Cent sixième journée de siége.

Lundi, 2 janvier 1871.

La nuit a été calme. Deux ou trois explosions se sont fait entendre sur le plateau de Châtillon. La Tour-des-Anglais a sauté. L'ennemi semble y travailler activement.

Une forte patrouille a pénétré cette nuit dans Rueil, et s'est retirée après avoir essuyé le feu du poste de l'avenue de la gare.

* *

Ce matin avant le jour, on entendait distinctement, mais à une forte distance, des détonations d'artillerie et le bruit d'une fusillade très-nourrie. Corbeil, d'après les uns, Juvisy ou Brétigny, d'après les autres, seraient les points d'où partiraient ces décharges lointaines. Que peut-on en inférer? Les opinions sont contradictoires, mais on se bat dans ce rayon, c'est certain.

Le bulletin de la journée est « beaucoup de bruit et peu de besogne. »

Tirez sur nos forts, messieurs les Allemands! épuisez vos munitions! usez vos pièces! Nous attendons une prochaine occasion pour vous donner de nos nouvelles.

* *

Le bruit court ce soir à Paris que le bombardement de Saint-Denis doit commencer demain. La ville et les forts auraient été sommés dimanche de se rendre.

Le fort de l'Est aurait été compris dans la menace du parlementaire. Il forme avec la Couronne, la Briche et quelques ouvrages de moindre importance, l'ensemble de l'avancée du nord de Paris.

Enserrée dans des fortifications, la ville de Saint-Denis est la localité la plus exposée aux conséquences fâcheuses du bombardement, et pourtant rien n'est changé à sa physionomie ordinaire.

L'activité est même plus grande dans ses rues. La seule mesure, prise en vue des éventualités d'aujourd'hui, est le transfert à Paris des malades à l'ambulance de la Légion d'honneur.

Cent septième journée de siége.

Mardi, 3 janvier 1871.

Le bombardement des forts, commencé depuis cinq jours, continue sans relâche.

C'est aujourd'hui, 3 janvier, l'ouverture de la neuvaine de Sainte-Geneviève, patronne de Paris.

A-t-on remarqué la ressemblance singulière du roi Guillaume de Prusse avec l'Attila du groupe de Maindron placé à l'entrée de l'église du Panthéon, et qui représente la sainte arrêtant le roi des Huns aux portes de Lutèce? Ce qui complète la ressemblance, c'est un casque à pointe qu'on dirait copié sur celui du futur empereur d'Allemagne.

Ce n'est rien encore pourtant. Entrez dans l'intérieur du Panthéon où vous savez que sont appendues les admirables copies, exécutées par les frères Balze, des grandes fresques de Raphaël; arrêtez-vous devant le saint Léon rencontrant Attila aux portes de Rome, comparez la tête renversée, hagarde et humiliée du « fléau de Dieu » avec les photographies du maître de Bismarck, et demandez-vous s'il n'y avait pas quelque chose de prophétique dans le génie de Raphaël.

*
* *

On assure que la ville de Paris est pourvue d'approvisionnements jusqu'au 15 mars prochain, c'est-à-dire pour deux mois et demi.

Je le souhaite... puissions-nous en avoir assez pour attendre les secours de nos armées de province, car décidément il paraît qu'elles existent. Ce qui nous le prouve, c'est le passage suivant, extrait d'une lettre prussienne :

« *Les nouvelles troupes françaises sont comme de la gomme*
» *élastique : on a beau chercher à les séparer violemment, elles*
» *cherchent toujours à se réunir.* Elles trouvent dans les portions
» de territoire non occupées assez d'espace pour se former, et
» obtiennent ainsi au moins ce résultat : *celui de fatiguer nos*
» *troupes.* Il est vrai que cela ne servira qu'à prolonger la
» guerre ; car il nous arrive d'autres troupes d'Allemagne. »

*
* *

Le brave, l'héroïque Richard, de Nogent, qui avait déjà traversé trois fois les lignes prussiennes, en portant des dépêches de Paris à Tours et de Tours à Paris, vient d'être victime de son dévouement. Il a été trouvé mourant sur les bords de la Seine. L'ennemi l'avait dépouillé de ses vêtements après lui avoir enlevé ses dépêches.

Pauvre Richard ! il laisse une femme et deux enfants que Paris n'abandonnera pas.

Cent huitième journée de siége.

Mercredi, 4 janvier 1871.

Le canon a ronflé toute la nuit. Ce matin, le bruit de l'artillerie redouble encore et se fait entendre à coups précipités. On assure que tout ce tapage est dirigé contre les forts de Vanves et de Montrouge, sur lesquels le canon Krupp s'acharne sans beaucoup plus de succès que du côté de Nogent et de Rosny.

Les batteries de Châtillon, celles qui tirent sans doute ce matin, sont à 2,200 mètres du fort de Vanves, à 4,300 mètres de l'enceinte, et à 7,400 mètres des Invalides.

***

Le bombardement des forts de l'est a continué aujourd'hui ; le fort de Nogent a reçu plus de 1,200 obus, qui n'ont pas produit plus d'effet que les jours précédents.

***

Nos forts restent dans un silence absolu, et n'ont pas répondu une seule fois ; les ordres à cet égard sont, paraît-il, absolus.

C'est un singulier spectacle que de voir toute la garnison des forts de Noisy et de Rosny enveloppée de manteaux, la tête couverte de passe-montagnes, réfugiée dans les casemates blindées, fumant philosophiquement sous cette pluie de fer et de feu, assez inoffensive du reste.

***

On me communique comme parfaitement exact le renseignement suivant :

Du mardi au dimanche soir, les Prussiens ont lancé sur nos forts 25,000 projectiles pesant en moyenne, tout compris, fonte, charge, etc., 50 kilogrammes, soit 1,250,000 kilogrammes ; il a fallu pour transporter cette masse de fer 220 wagons. Le prix de chaque coup est de 60 francs, non compris, bien entendu, les frais de transport. Les 25,000 projectiles lancés contre nous coûtent donc aux Prussiens *quinze cent mille francs*.

L'opinion publique se prononce énergiquement pour une action vive, immédiate, énergique de la part de l'armée de Paris. Une diversion prompte est indiquée. Volons au-devant de l'armée de la Loire. Empêchons l'armée d'investissement d'envoyer des forces pour rallier l'armée du prince Frédéric-Charles.

Au nom du salut de la France, plus de lenteurs, plus d'hésitations, plus de mollesse. En avant !

Cent neuvième journée de siége.

Jeudi, 5 janvier 1871.

Le bombardement de Paris est commencé.

L'ennemi ne se contente pas de tirer sur nos forts, il lance ses projectiles sur nos maisons ; il menace nos foyers, nos familles. Sa violence redoublera la résolution de la cité qui veut combattre et vaincre.

Les défenseurs des forts, couverts de feux incessants, ne perdent rien de leur calme, et sauront infliger à l'assaillant de terribles représailles.

La population de Paris accepte vaillamment cette nouvelle épreuve. L'ennemi croit l'intimider, il ne fera que rendre son élan plus vigoureux. Elle se montrera digne de l'armée de la Loire qui a fait reculer l'ennemi, de l'armée du Nord qui marche à notre secours.

La journée militaire a commencé avant le lever du jour. A six heures, les Prussiens se sont massés dans la plaine du côté d'Aubervilliers ; les colonnes d'infanterie ont dessiné un véritable mouvement d'attaque ; elles étaient suivies de batteries de mitrailleuses et de canons de 6.

Le général Ducrot, prévenu de cette démonstration, est monté
à cheval et a donné ses ordres; mais, sans doute, il n'y avait là
qu'une feinte destinée à compléter la sérieuse attaque des forts
du sud qui allait mettre en émoi toute la rive gauche.

A dix heures, les Prussiens n'avaient pas accentué leurs mouvements; nous sommes néanmoins restés sur nos gardes du
côté d'Aubervilliers.

*
* *

Le bombardement a continué aujourd'hui avec une intensité
sans précédent.

Honneur à Montrouge! Ce point avancé et culminant de la
capitale vient de recevoir avec un calme héroïque les étrennes
prussiennes.

*
* *

Dans la soirée, plusieurs obus sont tombés sur Vaugirard,
dans les terrains vagues et dans les jardins de la rue Ollivier-de-
Serres. D'autres avaient brisé des arbres au cimetière Montparnasse. J'ai vu ramasser des éclats de fonte au Champ d'asile,
et beaucoup plus haut près du boulevard Arago.

A l'angle de ce boulevard et du faubourg Saint-Jacques, un
obus tombait sur la salle d'escrime de l'Ecole de commerce.
Deux autres éclataient dans la rue Daguerre, y blessaient un
garde national du 104ᵉ bataillon de marche, éventraient un beau
chien de chasse, brisaient les vitres de plusieurs maisons et effondraient la porte d'un pavillon. Plusieurs projectiles de forte
dimension éclataient dans la rue Rataud et aux numéros 32 et 28
de la rue Gay-Lussac, où est établie une ambulance. D'autres
tombaient dans la rue des Feuillantines, à Lourcine, dans le
jardin de l'Ecole de pharmacie, sur la place d'Enfer, dans la
rue d'Assas et même dans la partie haute du Luxembourg.

On signale très-peu d'accidents, et il y a lieu de s'en étonner,
car vingt ou trente mille curieux s'étaient portés sur les points
dangereux.

A cinq heures, un projectile éclatait à soixante mètres d'une
maison où mon père causait au coin du feu, près du boulevard

Arago, et le maître du logis criait joyeusement : Entrez !...

A sept heures, deux obus tombaient, l'un sur le boulevard de l'observatoire, l'autre dans les terrains vagues où sont établis les grands baraquements des ambulances.

L'attitude de la population est admirable. Elle n'a qu'un mot à la bouche : «Qu'on nous mène à l'ennemi ! »

Jusqu'à la nuit, le ciel a été couvert d'un nuage de poudre qui enveloppait les forts. Des éclairs sinistres, suivis de détonations formidables, brillaient à travers la fumée comme des langues de feu ; l'air était déchiré par les obus qui traversaient l'espace comme des bolides gigantesques et venaient tomber sur le sol.

Cent dixième journée de siége.

Vendredi, 6 janvier 1871.

Continuation du bombardement.

Plusieurs obus sont tombés aujourd'hui dans les rues Cambronne ; Saint-Charles, à Vaugirard ; Sainte-Marie, à Grenelle ; avenue de Ségur, les rues d'Enfer, Briançon, etc.

Le collége des Jésuites, à Vaugirard, a reçu plusieurs obus ; personne n'a été blessé.

**

L'administration du chemin de fer de ceinture a cru devoir interrompre le service des trains entre Auteuil et Montrouge, à cause des obus prussiens qui pourraient tomber sur la voie ferrée.

J'ai lu à ce sujet l'avis suivant sur la porte des différentes gares :

« Par suite du bombardement, le service du chemin de fer se trouve *momentanément* interrompu sur la ligne de ceinture.»

Que ce *momentanément* a l'air crâne ?

**

Depuis quelques jours, certains clubs avaient multiplié les

insultes et les menaces, comme pour prêter leur appui à
l'ennemi. Hier, une affiche provoquait les citoyens à la guerre
civile. Ces tentatives criminelles ont soulevé l'indignation et le
mépris de la population. Elles ne peuvent cependant rester
impunies. Les principaux auteurs de ces actes inqualifiables ont
été arrêtés et seront traduits devant les conseils de guerre,
conformément aux lois.

**

Un arrêté réquisitionnant les bitumes, asphaltes et autres
produits similaires, pour servir au chauffage de la population a
été affiché dans la journée. C'est M. le docteur Danet, fondateur
et directeur de l'ambulance du Luxembourg, qui, manquant
de combustible, a, le premier, recouru à ces moyens auxiliaires.
Son idée était excellente, et la voilà devenue officielle, ce qui
n'arrive pas à toutes les bonnes idées.

Cent onzième journée de siége.

Samedi, 7 janvier 1871.

Le bombardement a continué toute la nuit avec une intensité
effrayante, et il reste établi que, pendant le jour, les Prussiens
tirent surtout sur nos fortifications, qu'ils distinguent facilement, mais que la nuit venue, ils dirigent leurs efforts contre
nos maisons.

**

J'ai parcouru ce matin les quartiers exposés au feu de l'ennemi,
et j'ai constaté les faits suivants :

Aux environs du Luxembourg, il y a eu quelques dégâts
matériels. Le mur du numéro 150, boulevard Saint-Michel, a
été entièrement traversé à la hauteur du troisième étage, où l'on
peut voir un trou béant d'un mètre de longueur.

Au coin de la rue Saint-Jacques et du boulevard de Port-
Royal, une façade de pierre de taille est effondrée.

Parmi les rues qui ont été bombardées pendant la nuit, je

peux encore citer la rue du Regard, la rue d'Assas, la rue du Bac, la rue Sainte-Placide, la Chaussée du Maine.

*
* *

Dans la journée, les Prussiens ont bombardé la Courneuve avec acharnement.

On a répondu avec la plus grande vigueur. Le général Lavoignet, accompagné des commandants Tollir et Rolland, des *francs-tireurs de la presse*, et des lieutenants d'état-major Yvert et Sahart, a pris toutes les dispositions nécessaires à la défense.

A deux heures de l'après-midi, l'amiral La Roncière le Nourry et le général Lavoignet sont arrivés, suivis de leurs états-majors.

Jamais ce village si bombardé n'a été aussi animé.

Malgré les recommandations des officiers, les soldats grimpent sur les toits, courent après les éclats d'obus, se cachant lorsqu'ils les entendent arriver.

Mille projectiles environ sont tombés sur ce petit centre de population. Les rues sont couvertes de débris de fonte, les toits sont effondrés et les murs troués ou renversés, le sol est labouré et fouillé à une grande profondeur.

*
* *

Les forts d'Issy, de Vanves et de Montrouge, ont subi toute la journée un bombardement qui, à certains moments, a été d'une violence extrême.

*
* *

Le feu est moins nourri qu'hier sur les redoutes des Hautes-Bruyères et du Moulin-Saquet.

*
* *

Pour la quatrième fois, le bois de Vincennes va être abattu. La première fois, c'était sous Charles VI, et pour servir comme aujourd'hui au chauffage des habitants pendant un hiver rigoureux. Sous Henri II, on le fit couper pour la seconde fois afin d'en modifier le plan; on dessina en place un parc style renaissance; enfin, sous Louis XV (1731), les plantations du seizième siècle firent place à celles qu'a modifiées M. Haussmann.

Cent douzième journée de siége.

Dimanche, 8 janvier 1871.

Continuation du bombardement; même solidité dans la garnison des forts et dans la populat on.

Le gouverneur, qui a parcouru aujourd'hui toutes les parties de l'enceinte soumises au feu de l'ennemi, a recueilli les preuves les plus éclatantes du patriotisme des habitants de Paris.

**

Les batteries prussiennes du pont de Sèvres et de Brimborion, éteintes une première fois vendredi, ont rouvert leur feu ce matin. A trois heures de l'après-midi, des soixante pièces composant les quatre batteries ennemies, neuf seulement tiraient encore.

**

A Boulogne et à Billancourt, les cantonnements des gardes nationaux mobilisés qui se trouvent dans les maisons sont criblés. Il y a du reste peu de blessés.

**

Dans la journée, les tours de Saint-Sulpice ont servi d'objectif aux boulets prussiens. Trois sont tombés sur l'église ; un entre les tours ; un deuxième sur les combles, mais heureusement il n'a pas éclaté et n'a pu percer la voûte ; un troisième a percé la coupole de l'élégante chapelle de la Vierge, et les éclats ont légèrement dégradé les peintures de la voûte.

Ces premières journées de bombardement n'ont été pour le public de Paris qu'un grand spectacle, une sorte de fièvre prodigieuse, à laquelle il a assisté avec un intérêt des plus vifs. Ce sentiment changerait sans doute, si le bombardement devenait plus meurtrier et répandait plus de ruines. Mais ce n'est pas au découragement que la curiosité ferait place.

Il est facile déjà de remarquer dans les esprits une certaine surexcitation qui ne tardera pas à monter jusqu'à la colère.

Le général Trochu ayant laissé échapper les paroles suivantes : « Deux jours de vivres, un seul jour même peut contribuer à sauver la capitale, » les municipalités viennent de demander au gouvernement de choisir dans leur sein une commission de cinq ou sept membres, afin de faire l'inventaire des vivres qui restent, soit dans les magasins de l'Etat, soit à l'intendance militaire.

Dieu veuille que jusqu'à ce jour on ne se soit pas fait illusion.

Cent treizième journée de siége.

Lundi, 9 janvier 1871.

Ce matin, le gouvernement a reçu de Bordeaux les dépêches suivantes :

« Bordeaux, 4 janvier.

» *Le général Faidherbe au ministre de la guerre.*

» Aujourd'hui, 3 janvier, bataille sous Bapaume, de 8 heures du matin à 6 heures du soir.

» Nous avons chassé les Prussiens de toutes les positions et et de tous les villages. Ils ont fait des pertes énormes, et nous des pertes sérieuses.

» Avesne-Bapaume, 3 janvier. »

Le pigeon qui portait les dépêches reçues par le gouvernement, était aussi porteur de la dépêche suivante, adressée à l'agence Havas:

« Les nouvelles de guerre sont bonnes.

» Faidherbe a remporté une victoire à Pont-Noyelle. Son armée augmente chaque jour en nombre et en solidité.

» Chanzy, changeant sa base d'opérations, a effectué un mouvement jusqu'au Mans, tenant continuellement tête à l'ennemi, lui faisant subir pendant huit jours des pertes considérables.

» L'armée de Bourbaki est dans une excellente situation, ses mouvements sont ignorés.

» Les Prussiens se montrent inquiets du mouvement des deux armées qui sont sur leurs flancs et n'osent pas avancer dans le centre ; ils ont évacué Nogent-le-Rotrou, remontant dans la direction de Paris. »

*
* *

Après les bonnes nouvelles, nous revenons forcément aux tristes événements qui se succèdent chaque jour.

Le bombardement de la rive gauche a été poursuivi cette nuit avec une effrayante intensité. Plus de 2,000 obus sont venus s'abattre sur Paris pendant cette nuit terrible, et ce n'est qu'à cinq heures du matin que la cessation du feu a mis fin aux angoisses de la population des quartiers sud.

Le quartier du Luxembourg a été particulièrement éprouvé. Une bombe est tombée, rue de Vaugirard, sur une école des Frères de la Doctrine chrétienne où cinq enfants ont été atteints. Sur plusieurs points, le jardin du Luxembourg a été labouré par les projectiles, dont un grand nombre se sont, du reste, enterrés sans faire explosion.

Ce matin, M. du Sommerard se préparait à sortir de l'hôtel de Cluny, quand les obus ont commencé à pleuvoir dans le quartier. Il en est tombé dans le jardin des Ursulines, au Luxembourg, à l'Ecole normale, pas un à l'hôtel de Cluny. M. du Sommerard a fait couvrir de terre le pavé des cours, et tout le personnel couche dans l'hôtel.

*
* *

Au moment le plus intense du bombardement, on célébrait, dans l'église du Panthéon, l'office de la neuvaine de Sainte-Geneviève.

Les détonations du dehors faisaient trembler les vitres et frissonner les femmes qui étaient là en grand nombre. Mais l'office n'a pas été interrompu, — et il est long — pas même ralenti, et personne n'a quitté sa place.

Paris est la ville de tous les courages.

Les batteries de Châtillon ont bombardé toute la journée les forts de Vanves et de Montrouge et le bastion 74. Les artilleurs de la marine attachés à ce bastion ont répondu de telle manière qu'ils ont fait taire plusieurs fois le feu de l'ennemi.

Cent quatorzième journée de siége.

Mardi, 10 janvier 1871.

Pendant la nuit, les Prussiens ont tiré à toute volée sur la ville. Les obus, passant par-dessus les remparts, sont allés tomber dans les quartiers éloignés de l'enceinte.

Plus de trente projectiles du plus gros calibre ont porté sur l'hospice de la Pitié ; une femme y a été tuée, et les malades d'une salle ont dû être évacués dans les caves; l'ennemi tire sans hésitation aucune sur les édifices que protége le pavillon de la convention de Genève. Leur but, en effet, est aussi odieux que facile à entrevoir : ils veulent, en mitraillant les blessés et les malades, jeter l'épouvante et le désordre dans la ville.

Le Val-de-Grâce était l'objectif choisi par les Prussiens.

En présence d'une telle violation de toutes les lois de la guerre, le général Trochu a fait transporter dans cet établissement tous les blessés prisonniers. En même temps, il a averti les généraux ennemis que si leurs projectiles tombaient sur ce monument, il n'y aurait de tués que des Prussiens.

***

On vient de me communiquer la protestation suivante contre le bombardement des hôpitaux :

« Au nom de l'humanité, de la science, du droit des gens et de la convention internationale de Genève méconnus par les armées Allemandes., les médecins soussignés de l'hôpital des Enfants-Malades (Enfant-Jésus) protestent contre le bombardement dont cet hôpital, atteint par cinq obus, a été l'objet pendant la nuit dernière.

» Ils ne peuvent manifester assez hautement leur indignation contre cet attentat prémédité à la vie de 600 enfants que la maladie a rassemblés dans cet asile de la douleur.

» Docteurs Archambault, J. Simon , Labric, H. Roger, Bouchut, Giraldès. »

Ce matin , en plein jour, l'ennemi a renouvelé une attaque qu'il avait déjà faite contre la maison Crochard et sur le poste des Carrières, à gauche de Rueil. C'est la quatrième tentative qu'il fait sur cette position. Les francs-tireurs de la mobile de la Loire-Inférieure et les tirailleurs de l'Aisne ont laissé approcher l'ennemi et l'ont repoussé après lui avoir fait éprouver des pertes assez sérieuses.

Cent quinzième journée de siége.

Mercredi, 11 janvier 1871.

Dans les quartiers exposés au feu de l'ennemi, les portes des maisons sont restées entr'ouvertes. Des brancardiers de la garde nationale se tenaient sur différents points, prêts à aller relever les victimes qui, cette nuit encore, n'ont été que trop nombreuses. Ceux des habitants des rues bombardées qui n'avaient pas voulu demeurer dans leurs appartements avaient trouvé un refuge dans différents postes de gardes nationaux , sur la rive droite, et notamment à la mairie du 8ᵉ arrondissement.

Il est à remarquer que l'ennemi a surtout tiré à outrance dans la direction de nos écoles, de nos bibliothèques, de nos musées. Leurs projectiles viennent de détruire l'une des merveilles de Paris : les serres du Muséum. Ces fameuses serres n'avaient pas de rivales dans le monde.

Les Allemands, jaloux de tout ce qui peut constituer à notre profit une supériorité quelconque, semblent s'acharner sur les monuments de notre grandeur littéraire et scientifique avec plus de rage encore que contre nos forts et nos arsenaux.

J'apprends à l'instant que le village de Nogent, épargné jusqu'à présent, a eu à subir pendant 48 heures un bombardement effroyable. L'ennemi avait pris le village en plein et en écharpe; les projectiles pleuvaient dans les rues et dans les tranchées le long de la Marne.

Les gardes nationaux du 164° et du 197° ont eu à soutenir ce feu, qui a duré 48 heures. Ils ont fait la meilleure contenance, raillant les projectiles qui n'éclataient pas, et s'exposant même d'une façon imprudente. Le service des tranchées et le service ordinaire ont continué sous le feu de l'ennemi, comme si de rien n'était.

Ces deux bataillons ont reçu le baptême du sang; huit hommes ont été blessés très-grièvement par des éclats d'obus, soit dans les tranchées, soit dans les rues de Nogent.

.

Ce soir, avant neuf heures, les Prussiens ont repris leur œuvre d'intimidation.

Cent seizième journée de siége.

Jeudi, 12 janvier 1871.

Le bombardement s'est ralenti assez sensiblement depuis vingt-quatre heures. Les forts du sud ne répondent que par intervalles à l'attaque de nos ennemis. Paris n'a plus été réveillé cette nuit par les effroyables détonations des nuits précédentes. Mais il ne faudrait pas croire cependant que le bombardement ait cessé ou qu'il ait été interrompu. Un certain nombre de projectiles tombent toujours dans le quartier des Ecoles.

Une maison du carrefour de l'observatoire a été incendiée cette nuit, et les obus volaient encore ce matin à huit heures au-dessus de la tête des personnes qui traversaient la rue Saint-Jacques. Deux lycées ont été atteints assez sensiblement; l'un d'eux dans son ambulance. Plusieurs personnes ont été blessées. On a jugé prudent de transporter les malades dans les caves.

Les habitants de Paris s'habituent d'ailleurs peu à peu à cette situation nouvelle, comme ils se sont habitués à tous les maux du siége. Ils savent qu'il est impossible à Guillaume, à de Moltke et à Bismarck de réduire Paris par le fer et le feu. Ils n'y gagneront que la honte éternelle d'avoir fait tomber des obus sur le Val-de-Gràce et la Pitié, l'asile des malades ; sur le Muséum d'histoire naturelle, le Luxembourg, l'Institut, la Sorbonne , l'asile des lettres et des arts ; sur Saint-Sulpice, l'asile de la religion ; sur Saint-Nicolas, l'asile de l'enfance ; sur les quartiers habités par la population la plus pauvre.

*
* *

A l'instant , l'autorité municipale de Vincennes vient de faire annoncer à son de caisse que le bombardement de la petite ville commencerait probablement demain, et que ceux qui ne voudraient pas en subir les conséquences pour leur personne ou leur mobilier eussent à partir au plus vite.

*
* *

La scène se passe chez le gouverneur de Paris.

M. Trochu est à table , seul et préoccupé, ce qui fait qu'il mange d'un air distrait et par acquit de conscience ce que son cuisinier dépose devant lui. C'est ainsi qu'il vient d'expédier rapidement une côtelette appétissante et qui ressemble trait pour trait à une côtelette d'agneau. Tout à coup il sort de sa préoccupation et songe enfin à se demander la provenance du mets suspect qu'il vient de consommer.

Le gouverneur de Paris, après réflexion reste convaincu que, malgré la loi du rationnement , on lui a servi une portion de ce mouton fantastique, acheté l'autre jour 500 francs à la vente du ministère de l'instruction publique. Ses sourcils se froncent ; il sonne brusquement son chef.

— Je dois, lui dit-il d'un ton sévère, donner l'exemple de la soumission au rationnement et des privations courageusement subies. Je vous défends de me servir désormais des mets qui ne peuvent pas paraître sur la table des simples citoyens.

Interloqué un moment, le chef finit par retrouver la parole.

— Mon général, dit-il, vous mangez du cheval... comme tout le monde. Aujourd'hui, par extraordinaire, j'ai voulu varier un peu votre menu; vous venez de manger une côtelette de chien !

— Ah ! ah ! ah ! dit le général sur trois tons différents.

Le premier de ces *ah !* était celui de la déception ; le second , le *ah !* que pousse le malade qui vient d'avaler une médecine; le troisième était le soupir d'un homme qui prend son parti avec résolution. Et le général ajouta :

— A la bonne heure ! c'est très-bien. Ces côtelettes sont excellentes. Tâchez de m'en trouver deux pour demain.

Cent dix-septième journée de siége.

Vendredi, 13 janvier 1871.

Les batteries prussiennes ont ralenti cette nuit l'envoi de leurs projectiles. Mais, après avoir pris un peu de repos, les artilleurs ennemis ont recommencé ce matin de bonne heure leur œuvre de destruction, en tirant indistinctement sur la plupart des quartiers de la rive gauche. Les 14ᵉ et 15ᵉ arrondissements (Montrouge , Vaugirard et Grenelle) ont surtout souffert.

Voici du reste l'explication de cette avalanche de projectiles, elle se trouve dans le fragment d'un brouillon de lettre trouvé ce soir sur un prisonnier prussien.

.   .   .   .

« Nous avons dû lancer aujourd'hui près de *huit mille obus* , et cette nuit on doit lancer encore 300 *bombes à incendie* sur cette fière ville, qui affecte de dormir tranquillement sous la . canonnade.

» Espérons que cela fera quelque impression sur MM. les Français, qu'ils finiront par rentrer en eux-mêmes, qu'ils se dépouilleront enfin de leur superbe jactance , et nous rendront cette insolente ville dont nous attendons depuis trop longtemps déjà la reddition.

» Signé : JEAN FELTENOW. »

Ainsi que le faisait pressentir hier l'avertissement donné aux habitants de Saint-Denis, le bombardement des forts du nord a commencé. Les batteries prussiennes établies à Enghien ont dirigé leur tir sur la Briche et la Double-Couronne.

Cent dix-huitième journée de siége.

Samedi, 14 janvier 1871.

Cette nuit, le bombardement a repris avec plus de vigueur que la nuit précédente. Le côté sud a été bombardé pendant plusieurs heures. Deux obus sont tombés, à peu d'intervalle l'un de l'autre, sur la voûte de l'église Saint-Sulpice qui, malgré ces deux chocs formidables, a résisté. Les éclats ont seulement endommagé fort légèrement la toiture.

Par exemple, la magnifique fresque de M. Lemoyne, représentant le *Jugement dernier*, a beaucoup souffert. Un gros éclat l'a traversée de part en part.

*
* *

Ont été atteints pendant la journée : l'institution des Jeunes-Aveugles, l'hôpital des Enfants-Malades, le couvent des dames du Sacré-Cœur, la caserne Babylone, l'hôpital Necker dont le bombardement a provoqué la protestation suivante :

« Nous soussignés, médecins et chirurgiens de l'hôpital Necker, ne pouvons contenir les sentiments d'indignation que nous inspirent les procédés infâmes d'un bombardement qui s'attaque avec une préméditation de plus en plus évidente à tous les grands établissements hospitaliers de la capitale. Cette nuit, des obus sont venus éclater sur la chapelle de l'hôpital Necker, remplie momentanément de malades ; c'est le point central et le plus élevé de ce grand hôpital, qui sert ainsi de point de mire aux projectiles de l'ennemi. Ce n'est plus là de la guerre : ce sont les destructions d'une barbarie raffinée qui ne respecte rien de ce que les nations ont appris à vénérer. Nous protestons au nom et pour l'honneur de la civilisation moderne et chrétienne.

> Désormeaux, Guyon, Potain, Delpech,
> Laboulbène, Chauffard. »

* *

Un décret, paru aujourd'hui, dit que tout détenteur de farines est soumis à la réquisition pour les quantités excédant cinq kilog. par ménage, au maximum.

*

Le bruit se répand ce soir que le général de Moltke veut tenter la grande attaque que nous attendons depuis si longtemps, le lundi 16 janvier, jour de la fête du roi Guillaume.

Cent dix-neuvième journée de siége.

Dimanche, 15 janvier 1871.

Le bombardement continue jour et nuit, avec des intermittences de violence et de calme relatifs. Cette situation, dangereuse pour certains quartiers, devient un état normal qui n'intimide nullement la population.

L'oreille finit par savoir, de très-loin, où à peu près tombent les projectiles et sur quel terrain. Lorsqu'il y a un édifice d'effondré, l'écroulement est bien plus triste à entendre que le sifflement d'arrivée de l'obus, et pourtant le sifflement ne vous dit pas si vous échapperez à la mort, tandis que la ruine d'un toit voisin vous prouve que le coup n'était pas encore pour vous. Mais nous sommes tous liés les uns aux autres dans ce duel dont l'issue heureuse se dessine aux regards du monde, et notre fortune est devenue si égale que l'épreuve du concitoyen le plus inconnu nous agite au moins autant que la nôtre.

On attribue à une batterie de l'Hay les obus qui approchent le plus du centre. La rue Gay-Lussac, la rue Saint-Jacques, le Panthéon, le Jardin des plantes et le Luxembourg, sont les quartiers les plus exposés.

On prétend que le prince Fritz, entouré de son état-major, visite chaque jour les positions de Châtillon et de Clamart, ranimant par ses discours l'ardeur, qui se ralentit chaque jour, des Bavarois qui occupent toute la région ouest-sud-ouest.

Notre Fritz a dû contempler de ces hauteurs les quartiers de Paris bombardés par les Krupp. Il doit s'apercevoir que Paris est encore debout, intact, indifférent.

.*.

Les Prussiens ont fait pendant la nuit plusieurs tentatives sur divers points des tranchées qui relient les forts entre eux. Ils ont été partout repoussés.

.*.

Le pain va être rationné.

Cent vingtième journée de siége.

Lundi, 16 janvier 1871.

Toute la nuit, une violente canonnade s'est fait entendre. C'est, à n'en pas douter, l'aimable surprise que Frédéric-Guillaume nous réservait à l'occasion de sa fête.

Ce matin, la coupole du Panthéon a été criblée d'éclats d'obus. Une foule immense est réunie aux environs, contemplant cet acte de sauvage destruction. Tous puisent à la vue de ce désastre une soif de vengeance impitoyable. Le Panthéon était, du reste, depuis le commencement du bombardement, l'objectif des batteries prussiennes, ce qui explique le nombre considérable des projectiles qui sont tombés dans les quartiers environnants.

.*.

Deux obus viennent de tomber sur les bâtiments de l'œuvre évangélique protestante de la rue Tournefort, 19. C'est là que les enfants des Allemands habitant Paris, dont la plupart étaient occupés à la voirie, recevaient l'instruction française et allemande. Vendredi, vers quatre heures, le digne instituteur de cette fondation, M. Manier, un bon français, celui-là, et un sincère patriote, a failli être la victime d'un projectile tombé à quelques mètres de lui. C'était peut-être un de ses anciens élèves qui l'avait lancé!

* *

La place de la Sorbonne, comme celle du Panthéon, est gardée par des gardes nationaux qui font circuler le public.

A la moindre alerte, ils doivent faire évacuer tous les endroits où il pourrait y avoir danger pour les curieux.

* *

L'inépuisable générosité de M. Richard Wallace s'est manifestée depuis le commencement du siége; il vient encore de faire remettre au gouvernement, pour être répartie entre les vingt arrondissements de Paris, une somme de 80,000 francs, représentant 300,000 bons de fourneaux économiques.

Ces bons seront donnés, sans distinction, à des nécessiteux inscrits ou non inscrits aux bureaux de bienfaisance de leur arrondissement. Cette distribution se fera jusqu'à la fin du siége, et sera prolongée pendant un mois après la levée de l'investissement.

Cent vingt et unième journée de siége.

Mardi, 17 janvier 1871.

La nuit a été relativement assez tranquille; mais depuis ce matin, la canonnade est extrêmement violente sur toutes les positions du sud. Elle n'avait pas encore atteint ce degré d'intensité depuis le commencement du bombardement.

Les forts, l'enceinte et toutes les batteries extérieures répondent avec une égale vigueur et tiennent en échec certaines batteries de l'ennemi.

Cette nuit, le général Ducrot a fait une sortie et a rasé les maisons et les murs qui restaient encore au parc de Beauséjour. Quelques prisonniers sont restés entre nos mains.

Les Prussiens voudraient à tout prix occuper un fort avant l'arrivée des armées de secours , afin de commander le centre de Paris et de le bombarder d'une de ces positions.

****

Plusieurs établissements particuliers, un grand nombre de maisons particulières ont encore été atteints cette nuit et dans la matinée.

****

Six heures : A l'instant, deux obus prussiens viennent de traverser la Seine, ils sont tombés sur le quai de Béthune, en face des maisons portant les numéros 32 et 34. C'est la première fois que les canons Krupp ont atteint la rive droite.

****

Aujourd'hui, on a commencé à rationner le pain dans le 9ᵉ arrondissement; les boulangers n'en livraient qu'à raison de 500 grammes par personne.

Cent vingt-deuxième journée de siége.

Mercredi, 18 janvier 1871.

Le bombardement n'a été comparable, ni pour la durée, ni pour l'intensité, au feu des nuits précédentes. Languissant dans la première partie de la nuit, tandis que d'ordinaire il éclatait avec fureur entre neuf et dix heures, il s'est ranimé un peu après onze heures et demie et s'est prolongé jusque dans la matinée.

****

Le total des victimes des trois dernières journées s'élève à quatre-vingt-cinq, dont *treize enfants* et *vingt-deux femmes*.

****

L'enceinte a repris son tir ce matin, et le combat d'artillerie se continue sur tous les points.

. L'ennemi a tenté une attaque contre Bondy pendant la nuit; il a été repoussé. Il avait massé des troupes en avant de Créteil ;

mais la pluie ayant rendu la plaine impraticable, il n'y a pas eu
d'attaque contre nos tranchées.

Contre Montrouge, le feu n'a pas été très-vif cette nuit;
nous avons eu cependant un officier de marine tué, M. Saisset,
fils du vice-amiral.

.*.

On m'a affirmé qu'aujourd'hui le drapeau parlementaire
ayant été arboré sur la batterie de Brimborion, pour le passage
des dépêches de M. Wahsburne, les bastions commandés par
M. le colonel Hellot (bastions 62 à 67) ont cessé immédiatement leur feu. La batterie prussienne de Breteuil, au contraire,
n'a nullement suspendu le sien, bien qu'elle domine Brimborion et qu'elle aurait dû être instruite de la cause qui faisait
cesser le feu du côté des Français. Il en est résulté qu'alors
que ce pavillon flottait depuis assez longtemps, le capitaine
Lahr a été blessé, le maréchal des logis Bertaud mortellement
frappé, un canonnier a eu les deux jambes coupées, et plusieurs
autres ont été atteints.

.*.

Le malheureux village de Boulogne est exposé de la manière
la plus immédiate au bombardement, et il est depuis huit
jours littéralement accablé de projectiles.

.*.

Le rationnement du pain, qui a commencé hier dans le
9e arrondissement, s'étend aujourd'hui dans tous les quartiers.
Il n'est plus fixé à 500 grammes par personne, mais seulement
à 300 grammes. Il résulte de calculs faits à ce sujet, que la
substitution du chiffre de 300 à 500 grammes fera gagner
environ un jour sur cinq.

En serions-nous déjà arrivés là ?

Cent vingt-troisième journée de siége.

Jeudi, 19 janvier 1871.

Le gouvernement de la Défense nationale vient d'adresser ce matin la proclamation suivante aux habitants de Paris :

« Citoyens ,

» L'ennemi tue nos femmes et nos enfants ; il nous bombarde jour et nuit ; il couvre d'obus nos hôpitaux. Un cri : Aux armes ! est sorti de toutes les poitrines.

» Ceux d'entre nous qui peuvent donner leur vie sur le champ de bataille marcheront à l'ennemi ; ceux qui restent, jaloux de se montrer dignes de l'héroïsme de leurs frères, accepteront au besoin les plus durs sacrifices comme un autre moyen de se dévouer pour la patrie.

» Souffrir et mourir, s'il le faut ; mais vaincre.

» Vive la république ! »

***

Cette proclamation faisait présager une action décisive ; j'apprends à l'instant qu'elle s'est engagée dès hier soir ; de là sans doute la tranquillité relative dont jouissaient cette nuit les quartiers exposés au bombardement.

***

A onze heures , on affichait les rapports militaires suivants :

« Mont-Valérien, 19 janvier 1871, 10 h. 10 m.

» Concentration très-difficile et laborieuse pendant une nuit obscure. Retard de deux heures de la colonne de droite. Sa tête arrive en ligne en ce moment.

» Maisons Béarn, Armengaud et Pozzo di Borgo occupées immédiatement. Long et vif combat autour de la redoute de Montretout ; nous en sommes maîtres. La colonne Bellemare a occupé la Maison-Curé et pénétré par brèche dans le parc de Buzenval.

» Elle tient le point 112 , le plateau 155, le château et les hauteurs de Buzenval. Elle va attaquer la maison Craon. La colonne de droite (général Ducrot) soutient , vers les hauteurs de la Jonchère, un fier combat de mousqueterie. Tout va bien jusqu'à présent. »

« Mont-Valérien , 19 janvier 1871, 10 h. 32 m.

» Montretout occupé par nous à dix heures. L'artillerie reçoit l'ordre d'occuper le plateau à côté et de tirer sur Garches. Bellemare entre dans Buzenval , attaque maintenant vers la Bergerie. Fusillade très-vive. Brouillard intense. Observations très-difficiles. Je n'ai pas encore entendu un coup de canon prussien. »

*
* *

Midi : Il paraît que nous allons prendre part à la lutte. Tous les bataillons de guerre, gardes mobiles ou gardes nationaux, viennent de recevoir l'ordre de prendre les armes et de se préparer à partir.

*
* *

L'heure est décisive, suprême peut-être pour la France. La lutte, une lutte acharnée, à mort , est engagée partout, à l'est, à l'ouest, au nord et autour de Paris.

*
* *

Quatre heures : Nous recevons à l'instant l'ordre de rentrer à la caserne, avec injonction de ne pas déboucler nos sacs.

*
* *

On vient de faire à nos chefs la communication suivante :
« La nuit seule a pu mettre fin à la sanglante et honorable » bataille d'aujourd'hui. L'attitude de la garde nationale a été » excellente. Elle honore Paris. »
Se battra-t-on encore demain ? J'en doute ; *une sanglante et honorable bataille,* cela ressemble fort à un échec.

Cent vingt-quatrième journée de siége.

Vendredi, 20 janvier 1871.

Rapport militaire

« Mont-Valérien, 20 janvier 1871, 9 h. 50 matin.

» Le brouillard est épais. L'ennemi n'attaque pas. J'ai reporté en arrière la plupart des masses qui pouvaient être canonnées des hauteurs, quelques-unes dans leurs anciens cantonnements.

» Il faut à présent parlementer d'urgence, à Sèvres, pour un armistice de deux jours, qui permettra l'enlèvement des blessés et l'enterrement des morts.

» Il faudra pour cela du temps, des efforts, des voitures très-solidement attelées et beaucoup de brancardiers. Ne perdez pas de temps pour agir dans ce sens. »

*\
* *

Je ne me trompais pas. La journée d'hier, si heureusement commencée, n'a pas eu l'issue que nous pouvions en espérer. Voici quelques détails sur cette première et sanglante journée, où la garde nationale a rivalisé d'entrain, de courage et de vigueur avec la ligne et les mobiles :

L'armée était divisée en trois corps : la droite sous les ordres de Ducrot, la gauche sous les ordres de Vinoy, et le centre sous les ordres de Bellemare.

Le corps de gauche a pris Montretout, où il n'a éprouvé qu'une faible résistance. Les Prussiens ont été attaqués à la baïonnette, et l'on a fait 50 prisonniers.

L'ennemi paraissait devoir être délogé des hauteurs et refoulé dans la vallée, entre Saint-Cloud et Sèvres. Il reculait.

Nos obus ont été les y atteindre. Le corps du général Ducrot a rencontré de sérieux obstacles dans le parc de Buzenval, qu'il a franchi.

Le château de Buzenval a été un moment occupé par nous.

Nous avons tenu la Valladière, près de Garches, où l'action a été vivement engagée, et nous avons occupé une grande partie, sinon la totalité, du plateau de la Bergerie.

Un retour offensif des Prussiens a eu lieu vers cinq heures ; nos troupes tenaient vigoureusement près d'un endroit appelé la maison Curé.

Le général de Bellemare s'était rendu, par la Fouilleuse, aux positions qui lui étaient assignées. La brigade Henrion était à son avant-garde.

La garde nationale a été partout engagée, et s'est conduite avec la plus grande vaillance.

Le Mont-Valérien a aidé l'opération par son tir continu.

Les Prussiens avaient établi à Chatou, contre nous, une batterie de campagne de 30 pièces. Elle a été vivement combattue par des pièces amenées par des wagons blindés. On apercevait de loin, sur l'aqueduc de Marly, un groupe de l'état-major prussien, d'où se détachaient deux personnages.

Vers la fin de la journée, l'état-major s'est retiré.

C'est alors que d'énormes renforts arrivant nous ont, à notre tour, obligés à abandonner des positions dont la conservation eût entraîné des sacrifices disproportionnés avec leur importance.

*
* *

Le colonel de Rochebrune, commandant un de nos régiments de la garde nationale mobilisée, est tombé glorieusement hier, en avant de Rueil.

Cent vingt-cinquième journée de siége.

Samedi, 21 janvier 1871.

La canonnade ennemie dirigée sur Paris a subi depuis hier de notables variations. Très-faible pendant la soirée, elle s'est accentuée à partir de minuit, a continué assez vive ce matin. Les projectiles, dont un grand nombre n'ont pas éclaté, ont frappé comme d'ordinaire les quartiers de la rive gauche, et ils sont tombés, à peu d'exceptions près, dans la plupart des rues et sur les édifices ou établissements déjà atteints.

Quarante-quatre propriétés particulières ont été endommagées.

**

Si la bataille du 19 janvier n'a pas donné les résultats que Paris en pouvait attendre, elle est du moins l'un des événements les plus considérables du siége, l'un de ceux qui témoignent le plus hautement de la virilité des défenseurs de la capitale.

**

Détails rétrospectifs sur la journée du 20 :

Le 84ᵉ bataillon de la garde nationale est arrivé le premier à Montretout. Il a eu, dit-on, quatre hommes tués et plusieurs blessés. Au nombre de ces derniers se trouve M. Gérard, lieutenant, ancien officier de l'armée, qui avait été blessé d'un éclat d'obus à Sébastopol.

Le bataillon des tirailleurs des Ternes — francs-tireurs à *la branche de houx* — a été cruellement éprouvé.

Le capitaine de Junnemann et le lieutenant Guillon ont été tués ; le capitaine Catalan a eu la mâchoire fracassée par une balle ; le lieutenant Giroux a eu les deux jambes emportées par un boulet.

Un autre blessé, M. Saugé, chef de bataillon du 78ᵉ bataillon de marche de la garde nationale, légèrement atteint au côté, a pu néanmoins reprendre le commandement de ses hommes.

Le 78ᵉ bataillon compte 36 blessés et 9 morts.

M. Albert Susse, fils aîné du papetier de la place de la Bourse, faisant partie du 8ᵉ bataillon du 3ᵉ régiment de marche, a été blessé à la jambe.

M. Regnault, le peintre distingué qui avait exposé le tableau très-remarqué de la *Salomé*, au dernier Salon, aurait disparu.

Le colonel Langlois a été légèrement blessé aujourd'hui.

Cent vingt-sixième journée de siége.

Dimanche, 22 janvier 1871.

Malgré le bombardement, malgré la monotonie de sa vie de privations, malgré l'échec de la dernière sortie, malgré les stations douloureuses à la porte des bouchers, des boulangers, des marchands de bois ; malgré les provocations des partisans de la Commune ; malgré l'absence des nouvelles du dehors, le patriotisme du peuple de Paris n'est pas ébranlé. C'est une flamme qui ne veut pas s'éteindre ; elle a beau être exposée au souffle des vents contraires, elle est toujours aussi chaude et aussi brillante.

**

Dix heures du matin : Au moment où j'écris ces lignes, le canon gronde de tous côtés.

**

L'attaque de Saint-Denis en force, à laquelle on s'attendait à la Courneuve, d'un moment à l'autre, paraît s'effectuer.

Mais il paraît aussi que nous devons nous attendre pour cette nuit à une attaque générale sur presque tous les points de notre enceinte fortifiée.

**

Avis à la garde nationale.

« Cette nuit, une poignée d'agitateurs ont forcé la prison de Mazas et délivré plusieurs prévenus, parmi lesquels M. Flourens.

» Ces mêmes hommes ont tenté d'occuper la mairie du 20° arrondissement et d'y installer l'insurrection ; votre commandant en chef compte sur votre patriotisme pour réprimer cette coupable sédition.

» Il y va du salut de la cité.

» Tandis que l'ennemi la bombarde, les factieux s'unissent à lui pour anéantir la défense.

» Au nom du salut commun, au nom des lois, au nom du

devoir sacré qui nous ordonne de nous unir tous pour défendre
Paris, soyons prêts à en finir avec cette criminelle entreprise ;
qu'au premier appel la garde nationale se lève tout entière, et
les perturbateurs seront frappés d'impuissance. »

**

J'éprouve une répugnance invincible à retracer ici les tristes
événements auxquels je viens de prendre part ; je me contenterai
donc, pour ne pas avoir de lacune dans mon histoire du siége
de Paris, de reproduire la communication suivante faite ce soir
(à 5 h. 40 m.) aux maires des vingt arrondissements par le maire
de Paris :

« L'Hôtel de ville a été attaqué par une compagnie du 101e
de marche, au moment où une délégation qu'on venait de
recevoir amicalement redescendait et venait de franchir la
grille. A ce moment, le colonel commandant l'Hôtel de ville
et deux de ses officiers qui étaient occupés entre la grille et le
bâtiment à parler aux groupes, assez peu nombreux d'ailleurs,
ont été assaillis par une vive fusillade. L'adjudant du bataillon
de garde mobile est tombé frappé de trois balles. C'est alors
seulement que les mobiles ont riposté. La place se vida en un
instant, et le feu cessa du côté des défenseurs de l'Hôtel de
ville, mais les maisons qui font face des deux côtés du bâtiment
de l'Assistance publique étaient occupées d'avance, et une
nouvelle et plus vive fusillade partit de leurs fenêtres, dirigée
sur le premier étage de l'Hôtel de ville qui en porte les traces.

» Il est à noter que parmi les projectiles, on a trouvé beaucoup de balles explosibles et de petites bombes.

» L'arrivée de la garde nationale et de la garde républicaine
a mis fin à tout. On a arrêté douze gardes nationaux et un officier
embusqués dans les maisons, et un capitaine du 101e de marche,
qui avait commandé le feu avec l'ex-commandant Sapia.

» Ainsi, par le crime de quelques-uns, cette extrémité douloureuse n'aura pas été épargnée à notre glorieux et malheureux
Paris. Une agression aussi lâche que folle a souillé une page si

pure. Vous en serez, comme moi, pénétrés de la plus profonde douleur.

» L'Hôtel de ville est occupé par des forces considérables. Il n'y a rien à craindre pour l'ordre. »

*
* *

L'église Saint-Médard, située rue Mouffetard, l'a échappé belle ; un obus est tombé hier matin au milieu d'un chantier de pierres qui se trouve contre l'une de ses façades latérales. Les éclats ont brisé les vitres d'une masure inhabitée touchant au chantier, mais les vitraux de l'église n'ont pas été atteints.

Cette protection divine fera battre de joie le cœur de mon père. C'est à Saint-Médard, pendant son séjour à la pension Savouré, qu'il a fait sa première communion, et il a conservé pour cette pauvre paroisse un profond sentiment d'affection.

Cent vingt-septième journée de siége.

Lundi, 23 janvier 1871.

Le bombardement de Paris a continué cette nuit avec une extrême vigueur ; il a surtout paru dirigé contre le quartier de Montrouge. Les bastions et les forts n'ont que faiblement répondu.

Ce matin, à partir de six heures, les forts de Montrouge et de Vanves ouvrent un feu terrible sur les positions prussiennes. Leur tir, merveilleusement soutenu par les batteries de marine et des pièces de 7 de notre enceinte, inquiète sérieusement l'ennemi, qui répond mollement à cette attaque violente.

*
* *

Le gouvernement de la Défense nationale vient d'adresser à la population de Paris la proclamation suivante :

« Citoyens,

» Un crime odieux vient d'être commis contre la Patrie et contre la République.

» Il est l'œuvre d'un petit nombre d'hommes qui servent la cause de l'étranger.

» Pendant que l'ennemi nous bombarde, ils ont fait couler le sang de la garde nationale et de l'armée sur lesquelles ils ont tiré.

» Que ce sang retombe sur ceux qui le répandent pour satisfaire leurs criminelles passions.

» Le gouvernement a le mandat de maintenir l'ordre, l'une de nos principales forces en face de la Prusse.

» C'est la cité tout entière qui réclame la répression sévère de cet acte audacieux et la ferme exécution des lois.

» Le gouvernement ne faillira pas à son devoir. »

On apprend aujourd'hui que le gouvernement de la Défense nationale a décidé que le commandement en chef de l'armée de Paris serait désormais séparé de la présidence du gouvernement.

M. le général de division Vinoy est nommé commandant en chef de l'armée de Paris.

Le titre et les fonctions de gouverneur de Paris sont supprimés.

M. le général Trochu conserve la présidence du gouvernement.

Un nouveau décret qui vient de paraître supprime les clubs jusqu'à la fin du siége.

C'était la garde *impériale* prussienne qui occupait Buzenval. Sur les deux heures, un parlementaire est sorti du parc et a fait les sonneries d'appel. On a répondu de la Fouilleuse. Les Prussiens offraient deux heures pour enlever les morts. M. Jules Claretie et le commandant des brancardiers, M. Léon Béquet, ont fait procéder à cet enlèvement..

Cent vingt-huitième journée de siége.

Mardi, 24 janvier 1871.

Le bombardement a été lent mais continu sur Vaugirard et Grenelle, pendant la nuit dernière ; au jour, il a repris avec plus de vigueur.

Dans la soirée, les bruits les plus sinistres recommencent à circuler : on dit que vingt bataillons de la garde nationale sont en marche sur l'Hôtel de ville pour venger leurs frères.

S'ils viennent, ils seront mal reçus.

Le général Vinoy a établi son quartier général au Louvre, dans les bâtiments qui donnent sur le quai de la Seine. Deux régiments seront casernés dans les bâtiments neufs attenant, pour être à sa disposition.

Le général Vinoy a choisi pour chef d'état-major général le général de Valdant, qui était déjà chef d'état-major du second corps d'armée.

*
* *

La *Gazette de France* cite une belle réponse de M. de Coriolis, tué à l'attaque de Buzenval, à l'âge de soixante-sept ans.

C'était bien le type de la vieille chevalerie française. Le jour de son départ, comme on lui souhaitait un heureux retour :

— Souhaitez qu'ils s'en aillent, eux, les Prussiens, disait-il mélancoliquement; mais ne souhaitez pas que les vieux comme moi reviennent, car jamais nous n'aurons eu plus belle occasion de partir.

Cent vingt-neuvième journée de siége.

Mercredi, 25 janvier 1871.

Le tir de l'ennemi s'est beaucoup ralenti pendant la nuit, mais il a persisté à longs intervalles sur toute l'étendue de nos lignes. Au sud, l'ennemi continue à organiser chaque jour de nouveaux emplacements de batteries, déplaçant celles qui sont battues par nos pièces. On signale des travaux au viaduc de Fleury.

A l'est, nuit calme.

Au nord, au fort d'Aubervilliers, peu de dégâts matériels ; 500 obus atteignent le fort de la Briche, qui continue à se défendre avec vigueur, mais le feu qui le couvre depuis deux

jours déjà, rend inutile d'exposer trop le personnel pendant
qu'il est l'objectif principal des batteries allemandes.

A l'ouest, rien à signaler, si ce n'est la mise en batterie de
quelques pièces volantes entre la maison Crochard et nos avant-
postes, en face de Longboyau.

Depuis ce matin, de grands mouvements de troupes s'exécutent. Ils attestent à la fois l'activité du général Vinoy, et sa
ferme volonté de marquer glorieusement son passage à la
défense nationale.

La farine devient de plus en plus rare, et c'est la grave
question, la question de vie ou de mort.

En avons-nous encore pour quinze jours? C'est ce que chacun
se demande avec inquiétude. En avons-nous assez pour attendre
le contre-coup des opérations de province, heureuses du côté
de Bourbaki et de Faidherbe, laborieuses et intelligentes du
côté de Chanzy?

Cent trentième journée de siége.

Jeudi, 26 janvier 1871.

Le bombardement de Saint-Denis a cessé cette nuit.

Au moment où sonnait à l'horloge de l'abbaye le premier coup
de minuit, une effroyable détonation se fit entendre : c'était
un dernier obus qui éclatait au beau milieu de la ville; puis la
vibration s'éteignit en même temps que le douzième coup sonnait,
et le silence ne fut plus troublé que par le bruit d'explosions
lointaines. Le bombardement de Saint-Denis était terminé. En
vertu de quel arrangement? Je l'ignore.

Les bruits les plus singuliers circulent à ce sujet dans Paris.

On parle vaguement d'une capitulation; mais ceux qui connaissent le général Vinoy assurent qu'il n'a pu accepter la
situation que pour tenter un sérieux et vigoureux effort.

Cependant les maires ont été réunis d'urgence, dans la journée d'aujourd'hui, pour entendre les communications du gouvernement sur la situation des vivres et sur l'état des armées de province, et ces communications auraient fait sur les magistrats municipaux la plus profonde et la plus douloureuse impression. Ils s'en sont rapportés absolument au gouvernement pour prendre les résolutions suprêmes. Qu'allons-nous donc apprendre?

* *

Ne semble-t-il pas que Paris est, à cette heure, le vaisseau battu par la tempête, monté par des vaillants, des résolus, des dévoués, mais qu'une voie d'eau entraîne au fond de l'Océan?

La voie peut-elle être aveuglée? Oh! alors, debout! debout tous! Aux armes! au combat! à l'abordage!

Sinon, élevons nos cœurs, et, s'il faut sombrer, que ce soit comme sombraient nos pères sur le *Vengeur*, noblement, fièrement, en jetant à l'ennemi stupéfait notre dernier cri de : Vive la France !

* *

Nous savons maintenant la vérité. La vérité est que Chanzy est battu, Faidherbe battu, Bourbaki immobilisé ; la vérité est que tout est perdu.

A demain les nouvelles officielles.

Cent trente et unième journée de siége.

Vendredi, 27 janvier 1871.

Pendant la nuit, aucun coup de canon ne s'est fait entendre : ce matin encore, silence complet sur toutes nos lignes qui n'ont plus à répondre au feu de l'ennemi.

* *

Paris est sous l'empire d'une préoccupation anxieuse, on s'aborde, on s'interroge : « Le gouvernement parlera-t-il ? »

Dix heures : Le gouvernement a parlé, et la foule entoure les affiches que l'on vient de placarder.

Aux Habitants de Paris :

« Tant que le gouvernement a pu compter sur l'arrivée d'une armée de secours, il était de son devoir de ne rien négliger pour prolonger la défense de Paris.

» En ce moment, quoique nos armées soient encore debout, les chances de la guerre les ont refoulées, l'une sous les murs de Lille, l'autre au delà de Laval ; la troisième opère sur les frontières de l'est. Nous avons dès lors perdu tout espoir qu'elles puissent se rapprocher de nous, et l'état de nos subsistances ne nous permet plus d'attendre.

» Dans cette situation, le gouvernement avait le devoir absolu de négocier. Les négociations ont lieu en ce moment. Tout le monde comprendra que nous ne pouvons en indiquer les détails sans de graves inconvénients. Nous espérons pouvoir les publier demain. Nous pouvons cependant dire, dès aujourd'hui, que le principe de la souveraineté nationale sera sauvegardé par la réunion immédiate d'une assemblée ; que l'armistice a pour but la convocation de cette assemblée ; que, pendant cet armistice, l'armée allemande occupera les forts, mais n'entrera pas dans l'enceinte de Paris ; que nous conserverons notre garde nationale intacte et une division de l'armée, et qu'aucun de nos soldats ne sera emmené hors du territoire. »

* * *

Cette nuit, un départ de ballon aura lieu à la gare du Nord.

L'aérostat en question a été baptisé d'un nom qui a conquis, pendant le siége de Paris, toutes les sympathies publiques, un de ces noms que la population parisienne n'oubliera jamais, qu'elle conservera éternellement dans son souvenir reconnaissant.

Il s'appelle le *Richard-Wallace.*

On assure que ce ballon ne sera pas le dernier expédié. Demain encore ; peut-être, nous enverrons par cette voie nos lettres à nos amis de province.

Et puis, ce sera tout!... Les communications reprendront leur cours régulier et normal. Et je pourrai enfin recevoir des nouvelles de Plouaret.

Cent trente-deuxième et dernière journée de siége.

Samedi, 28 janvier 1871.

Dans la nuit, l'armistice politique a été signé : il restait à régler des questions militaires qui ont nécessité aujourd'hui, entre Paris et Versailles, des échanges de dépêches. L'intérêt qui s'attache à ces pourparlers avait attiré à Sèvres, devant la maison dite du parlementaire, un assez grand nombre de curieux. En ma qualité d'historien consciencieux, je ne pouvais manquer d'en faire partie. A chaque instant, un bateau traversant la Seine, transmettait de l'une à l'autre rive les pièces diplomatiques qui se succédaient continuellement. En outre du rameur, chaque embarcation contenait, soit deux officiers français, soit deux officiers prussiens : ces messieurs descendaient à terre, qui du côté de Versailles, qui du côté de Paris, et échangeaient courtoisement leurs papiers.

*
* *

La distance qui me séparait du point de débarquement à Sèvres m'empêchait de distinguer les traits des parlementaires, et cependant, chaque fois que le bateau venant de Saint-Cloud approchait de la rive, un frisson mortel me parcourait le corps, car l'un des deux officiers prussiens rappelait à ma mémoire certaines apparitions lugubres qui, pendant le siége, m'avaient profondément troublé ; je voulais en avoir le cœur net ; et sous prétexte que j'apportais des nouvelles de Paris, je m'élançai du côté du fleuve en agitant en l'air les tablettes, qui ne me quittent jamais.

Mes pressentiments ne m'avaient pas trompé... Cet officier, que j'avais entrevu vaguement jusqu'alors et devant lequel je me trouvais en ce moment, était... en chair et en os... celui que

j'avais vu deux fois étendu sans vie sur le champ de bataille,
et une troisième fois couvert d'un linceul à l'hôpital du Val-
de-Grâce...

— Encore vous ! (m'écriai-je d'une voix étranglée par la surprise) mais c'est impossible... ou vous revenez donc de l'autre
monde ! ! ! car... je ne me trompe pas... vous avez déjà été tué
trois fois...

— Je crois comprendre d'où vient votre erreur, fit d'une voix
triste l'officier prussien : avant ce malheureux siége, nous étions
quatre frères, et, ajouta-t-il en essuyant une larme, aujour-
d'hui, je reste seul. »

*
* *

Demain, en même temps que les chemins de fer seront
ouverts à la circulation, les services de la poste et des télé-
graphes seront repris.

Je n'ai donc plus rien à apprendre à la province, et je termine, ce soir, mon histoire du siége de Paris, tout fier de
pouvoir clore mon journal par cette phrase de M. de Bismarck :

« Le gouvernement prussien est rempli d'admiration pour
l'armée et la population parisienne. »

FIN

— LILLE. TYP. J. LEFORT. MDCCCLXXIV —